汽车维修专业技能人才培养工学一体化课程教材

新能源汽车检修

刘轩帆　李永富/主　编

潘利丹　李思颖　陆　栋/副主编

杨雪茹/主　审

人民交通出版社

北 京

内 容 提 要

本书是汽车维修专业技能人才培养工学一体化课程教材之一。主要内容包括新能源汽车动力蓄电池检查与更换、新能源汽车电力驱动系统检查与更换、新能源汽车无法充电故障检修。

本书可作为技工院校汽车维修专业教材,可供新能源汽车维修人员及相关技术人员参考使用。

本书配套数字资源,读者可免费扫码观看和在线学习;同时配有教学课件,教师可通过加入汽车技工教学研讨群(QQ:428147406)获取。

图书在版编目(CIP)数据

新能源汽车检修/刘轩帆,李永富主编. —北京:
人民交通出版社股份有限公司,2025.5. —ISBN 978-7-
114-20363-3

Ⅰ. U469.720.7

中国国家版本馆 CIP 数据核字第 2025XA9047 号

书　　　名:**新能源汽车检修**
著 作 者:刘轩帆　李永富
责任编辑:李佳蔚
责任校对:龙　雪
责任印制:张　凯
出版发行:人民交通出版社
地　　　址:(100011)北京市朝阳区安定门外外馆斜街 3 号
网　　　址:http://www.ccpcl.com.cn
销售电话:(010)85285911
总 经 销:人民交通出版社发行部
经　　　销:各地新华书店
印　　　刷:北京市密东印刷有限公司
开　　　本:787×1092　1/16
印　　　张:13
字　　　数:276 千
版　　　次:2025 年 5 月　第 1 版
印　　　次:2025 年 5 月　第 1 次印刷
书　　　号:ISBN 978-7-114-20363-3
定　　　价:40.00 元

(有印刷、装订质量问题的图书,由本社负责调换)

编审委员会名单

前言
Preface

为进一步贯彻落实《关于深化技工院校改革大力发展技工教育的意见》和《技工教育"十四五"规划》《推进技工院校工学一体化技能人才培养模式实施方案》等文件精神,对接汽车产业发展新趋势,满足汽车领域高质量发展对高素质技术技能人才的需求,人民交通出版社特组织江苏汽车技师学院、广西交通技师学院、贵州交通技师学院、杭州技师学院、浙江交通技师学院、江苏省交通技师学院、广西工业技师学院、北京汽车技师学院、日照技师学院等 20 余所院校,共同编写了技工院校汽车维修专业工学一体化课程教材。

工学一体化培养模式是依据国家职业技能标准及技能人才培养标准,以综合职业能力培养为目标,将工作过程和学习过程融为一体,培育德技并修、技艺精湛的技能劳动者和能工巧匠的人才培养方式。本套教材秉承上述理念,落实《技工院校教材管理工作实施细则》,遵循知识和技能并重的改革方向,根据技工教育的特点以及技工院校学生的学习情况进行编写,具有以下特点:

(1)教材编写依据人社部最新发布的《汽车维修专业国家技能人才培养工学一体化课程标准》,贯彻以学生为中心,以能力为本位的教学理念,构建难度适当的理论知识体系,以学生的实操内容及职业素养培养为核心,围绕典型学习任务设计教材任务活动,突出知识的实用性、综合性和先进性。教材按照四步法"明确任务、工作准备与计划制订、计划实施、评价反馈"编写而成,充分实现思想政治教育、知识传授、技能培养融合统一,持续推动技工院校内涵发展和特色发展。

(2)在教材编写过程中,充分吸纳行业、企业专家,深入了解目前行业、企业对本专业人才的实际需求,由相关企业提供部分配套的教学资源和技术支持,行业企业人员真正深度参与教材编写与开发。进一步提高技能人才培养质量,帮助学生从学校学习到就业工作紧密衔接。

(3)部分教材配备了丰富的教学资源(纸数融合),教材的知识点以二维码方式链接动画、视频等数字资源,所有教材配有课件、习题及答案等,满足学生个性化学习的需求,提升教材使用体验感。

(4)在教材中融入了丰富的课程思政元素及党的二十大精神内容,增强民族自信,体现"培根铸魂,启智润心"的教育目标,实现思想政治教育与技术技能培养的有机结合。

本书是汽车维修专业技能人才培养工学一体化课程教材之一,根据国家工学一体化汽车维修专业《新能源汽车检修》课程标准编写。主要选取了比亚迪 e5、吉利几何 G6 等主流新能源汽车车型,并结合其他品牌新能源汽车,以新能源汽车维修中的代表性工作任务为载体,讲解动力蓄电池、驱动电机及其控制器系统、充电系统等结构与工作原理;新能源汽车高压系统零部件检测方法;新能源汽车高压系统零部件检修技能与方法;新能源汽车高压系统检验及运行状态评估等学习内容。本书将理论与实践相结合,便于学生理解和记忆。

本书由广西工业技师学院刘轩帆,广西机电职业技术学院李永富担任主编,广西交通技师学院潘利丹、李思颖,无锡交通技师学院陆栋担任副主编。参编人员有广西工业技师学院朱汝玲、潘朝兴、陈姿杏,广西一驰教育科技有限公司薛华杰,广西汽车集团赖建文、陈显鑫。书中共有三个学习任务,学习任务一由陆栋编写;学习任务二由刘轩帆、李永富、朱汝玲、潘朝兴共同编写;学习任务三由潘利丹、李思颖、薛华杰共同编写。刘轩帆、陈姿杏对全书进行统稿。

限于编者水平,书中难免有疏漏和错误之处,恳请广大读者提出宝贵建议,以便进一步修改和完善。

编　者
2024 年 10 月

目录
Contents

学习任务一

新能源汽车动力蓄电池检查与更换

学习目标 》》》

1. 知识目标

(1)掌握动力蓄电池的结构和特点。

(2)掌握动力蓄电池的检查方法。

(3)掌握动力蓄电池的更换方法。

(4)掌握动力蓄电池模组的检测方法。

(5)掌握动力蓄电池模组的均衡方法。

2. 技能目标

(1)根据新能源汽车高压安全操作规范,能够区分动力蓄电池的类型。

(2)根据新能源汽车高压安全操作规范,能够对动力蓄电池进行检查。

(3)根据新能源汽车高压安全操作规范,能够对动力蓄电池进行更换。

(4)根据新能源汽车高压安全操作规范,能够对动力蓄电池模组进行检测。

(5)根据新能源汽车高压安全操作规范,能够对动力蓄电池模组进行均衡。

3. 素养目标

(1)培养与人有效沟通的能力。

(2)培养团队合作的精神。

(3)在操作过程中树立高压安全意识。

(4)按照"8S"管理规定整理、恢复作业场所,养成良好的工作习惯。

参考学时 》》》

72 学时。

任务描述 》》》

一辆新能源汽车进厂维修,客户反映汽车续驶里程下降,经车间主管或班组长确认故障后,需要对动力蓄电池进行检查与更换。

学习活动1 新能源汽车动力蓄电池检查

一 明确任务

根据任务描述,某新能源汽车续驶里程下降,经检测需要对动力蓄电池进行检查与更换,使其恢复正常使用性能。

二 工作准备与计划制订

(一)知识准备

1. 动力蓄电池的类型

动力蓄电池是新能源汽车的核心部件,其作用是接收和储存由车载充电机、发电机、制动能量回收装置或外置充电装置提供的高压直流电,并且为新能源汽车提供高压直流电,为整车提供持续稳定的能量,驱动车辆行驶。

动力蓄电池作为新能源汽车的动力源,相当于新能源汽车的"心脏"。目前,在新能源汽车中使用的动力蓄电池类型主要有_____、_____、_____。其中,_____作为新能源汽车的低压辅助电池,为车辆的普通低压电气系统提供工作用电;_____用于部分混合动力电动汽车上,如丰田普锐斯;锂离子动力蓄电池普遍应用在纯电动汽车中,如吉利帝豪 EV450。

2. 镍氢蓄电池的结构及特点

1)镍氢蓄电池的结构

镍氢蓄电池是一种碱性蓄电池。它以水溶性_____和_____的混合物为电解液,以_____为正极活性物质,以储氢合金为负极活性物质,其结构如图 1-1 所示。

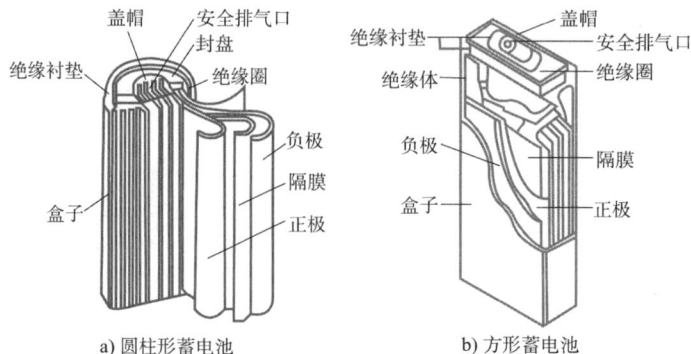

a) 圆柱形蓄电池   b) 方形蓄电池

图 1-1 镍氢蓄电池的结构

2）镍氢蓄电池的特点

（1）目前，商业化的镍氢功率型蓄电池的质量比功率可达到 1350W·h/kg。

（2）镍氢蓄电池 80% 放电深度循环可以达到 1000 次以上，为铅酸蓄电池的 3 倍以上，100% 放电深度循环寿命也在 500 次以上，在混合动力电动汽车中可使用 5 年以上。

（3）无污染，不含铅、镉等对人体有害的金属，安全可靠。

（4）耐过充过放，但有记忆效应。

（5）正常使用温度范围为 −30 ~ 55℃，储存温度范围为 −40 ~ 70℃。

3）镍氢蓄电池工作原理

在充电过程中，水在电解质溶液中分解为氢离子和氢氧离子，氢离子被负极吸收，负极由金属转化为金属氢化物；在放电过程中，氢离子离开了负极，氢氧离子离开了正极，氢离子和氢氧离子在电解质氢氧化钾中结合成水并释放电能。

3.磷酸铁锂蓄电池结构及特点

1）磷酸铁锂蓄电池的结构

磷酸铁锂蓄电池主要由_____、_____、_____、隔膜等部分组成。其左边是正极，由橄榄石结构的磷酸铁锂材料构成，以铝箔连接蓄电池正极。右边是负极，由石墨组成的电池负极，以铜箔连接电池的负极。中间是聚合物的隔膜，它把正极与负极隔开，锂离子可以通过隔膜而电子不能通过隔膜，电池内部充有电解质。如图 1-2 所示。

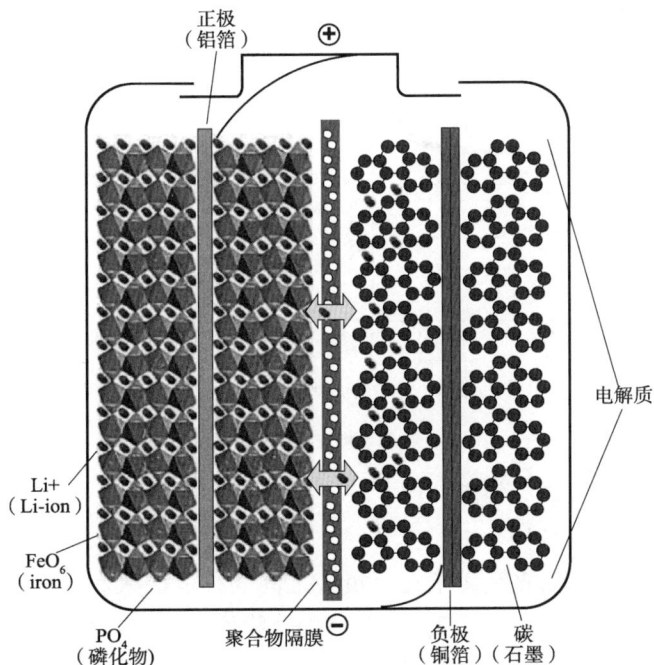

图 1-2　磷酸铁锂蓄电池内部结构示意图

2)磷酸铁锂蓄电池的特点

(1)磷酸铁锂单体蓄电池额定工作电压为3.2V,约为同等条件下镍氢蓄电池的3倍。

(2)磷酸铁锂蓄电池无记忆效应,可以随充随用。

(3)磷酸铁锂蓄电池使用寿命长。一般蓄电池在正常使用情况下,深度循环寿命为500~800次,而磷酸铁锂蓄电池循环寿命达到2000次以上。

(4)相比较其他形式的锂离子蓄电池,磷酸铁锂蓄电池具有安全性能好和高温性能优秀的特点,热峰值范围为350~500℃。

(5)磷酸铁锂蓄电池相比其他锂离子蓄电池,其工作温度范围宽广,为-20~75℃。

(6)磷酸铁锂蓄电池重量轻,同等规格容量的磷酸铁锂蓄电池的体积是铅酸蓄电池体积的2/3,重量是铅酸蓄电池的1/3。

(7)磷酸铁锂蓄电池正极材料振实密度小,能量密度低,低温充放电性能较差,低温充电对磷酸铁锂蓄电池的寿命有很大的影响。低温时其放电容量与功率均有所下降,导致电动汽车的低温动力性与续驶里程下降。

(8)用于动力蓄电池时,磷酸铁锂蓄电池与其他蓄电池一样,需要面对蓄电池一致性问题。

3)磷酸铁锂蓄电池的充放电特性

图1-3a)为磷酸铁锂蓄电池的充电特性,如果2.6V时开始充电,初期电压上升速度较快,迅速上升到3.3V左右,随后慢慢增加,直到其充电终止电压3.6V左右。

图1-3b)为磷酸铁锂蓄电池的放电特性,如果3.5V时开始放电,初期电压下降速度很快,迅速下降到3.3V左右,随后慢慢下降,直到2.6V左右。

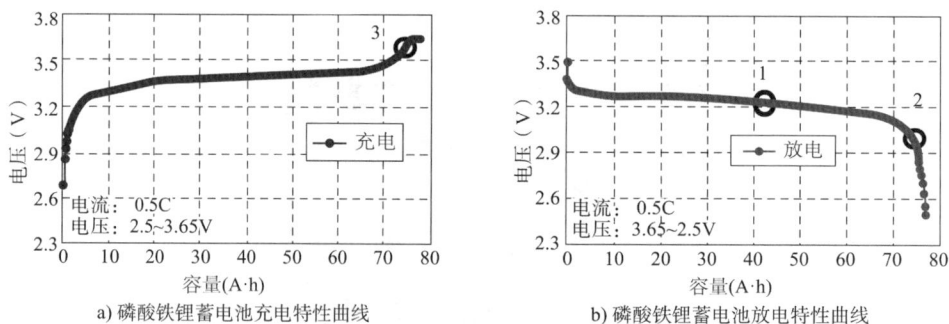

a)磷酸铁锂蓄电池充电特性曲线 b)磷酸铁锂蓄电池放电特性曲线

图1-3 磷酸铁锂蓄电池充放电特性

4.三元锂蓄电池结构及特点

1)三元锂蓄电池的结构

三元锂蓄电池主要依靠锂离子在正负极之间的往返嵌入和脱嵌来工作,实现能量的存储和释放。三元锂蓄电池全称是三元聚合物锂蓄电池,使用镍钴锰作为正极材料。在这三种元素中,镍和钴是特异性金属材料,锰不参加电化学反应。一般来说,特异性金属材料成分越高,电池电量就越大。但当镍成分过高时,会造成容积的减少。

钴具有抑止正离子混合的功效,进而平稳原材料的片层构造,锰在提升安全系数层面起着可靠性的功效。

2)三元锂蓄电池的特点

能量密度高是三元锂蓄电池的最大优势,单体三元锂蓄电池放电电压平台高达3.7V,而磷酸铁锂蓄电池为3.2V,因此,从能量密度角度来说,三元锂蓄电池比磷酸铁锂蓄电池具有绝对优势。

3)三元锂蓄电池的充放电特性

(1)充电过程。

在电场的驱动下,锂离子从蓄电池正极晶格中脱出,经过电解质,嵌入到负极晶格中。

充电开始时,应先检测待充电蓄电池的电压,如果电压低于3V,要先进行预充电,充电电流为设定电流的_____,一般选0.05C左右。电压升到3V后,进入标准充电过程。标准充电过程以0.2~1C设定电流进行恒流充电,蓄电池电压升到4.20V时,改为恒压充电,保持充电电压为4.20V。此时,充电电流逐渐下降,当电流下降至设定充电电流的_____时,充电结束。图1-4所示为三元锂蓄电池的充放电曲线图,可以看出三元锂蓄电池的充电截止电压为4.2V左右。

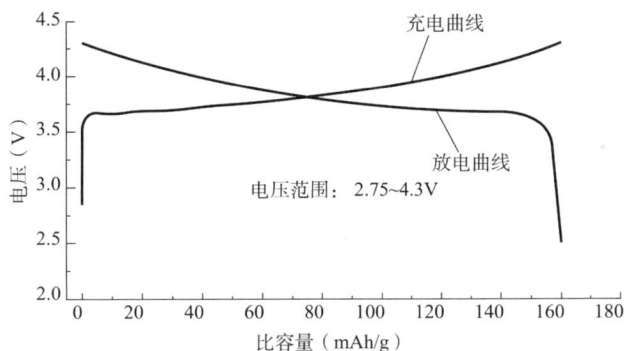

图1-4　三元锂蓄电池的充放电曲线图

(2)放电过程。

放电过程与充电过程正好相反,_____返回蓄电池正极,电子通过用电器由外电路到达正极与_____复合。蓄电池放电时,负极上的电子通过外部电路聚集到正极上,正锂离子从负极进入电解液里,穿过隔膜上的小洞,直到正极,与电子结合在一起。由图1-4可以看出,三元锂蓄电池的放电截止电压在2.5V左右,三元锂蓄电池单体蓄电池标称电压为3.7V。

5.镍氢蓄电池、磷酸铁锂蓄电池、三元锂蓄电池的对比

镍氢蓄电池、磷酸铁锂蓄电池、三元锂蓄电池的对比见表1-1。

6.动力蓄电池检查注意事项

(1)为了防止未经授权进入工位以及无法确保高电压本质安全或出现不明状态

时,应使用隔离带。离开工作区域时,建议竖立发光黄色警告提示。

镍氢蓄电池、磷酸铁锂蓄电池、三元锂蓄电池的对比　　表 1-1

名称	镍氢蓄电池	磷酸铁锂蓄电池	三元锂蓄电池
标称电压(V)	1.2	3.2	3.7
充电截止电压(V)	1.4	3.6	4.2
放电截止电压(V)	0.9	2	2.5
优点	与锂离子蓄电池相比,成本更低,技术更成熟,电芯一致性更高,安全性能好	使用寿命长,充放电倍率大,安全性好,高温性好,元素无害,成本低	高低温、循环、储存及各项电性能都比较平均,体积比能量高,材料价格适中,性能稳定
缺点	循环使用寿命短,续驶里程相对较短,充电时间较长	能量密度低,振实密度低,低温使用性差	耐高温性差,使用寿命差,大功率放电差

(2)进行每项工作步骤之时、之前和之后应对作业组件进行仔细直观检查,如拆卸某一组件时,应检查由此松开的其他组件是否损坏。

(3)在检查动力蓄电池时,为了防止电解液泄漏造成人员伤害,维修人员必须佩戴_____和_____,以防止电解液腐蚀皮肤和溅入眼中。

(4)断开直流母线只是切断了从动力蓄电池到高压用电设备的电源,动力蓄电池仍然是有电的。

(5)当需要检查动力蓄电池时,应使用绝缘胶带包好裸露的高压部件,以避免触电。

(6)搬运动力蓄电池至动力蓄电池维修专业工作台时,应用_____,严禁直接用手抬动力蓄电池。

(7)维修作业过程中涉及高压系统,一定要坚持"以人为本、安全第一"的原则。

(二)工作方案制订

1. 任务分工

学生任务分配见表 1-2。

学生任务分配表　　表 1-2

班级		组号		指导老师	
组长		任务分工			
组员 1		任务分工			
组员 2		任务分工			
组员 3		任务分工			

续上表

班级		组号		指导老师	
组员 4		任务分工			
组员 5		任务分工			
组员 6		任务分工			

2. 工量具、仪器设备与耗材准备

(1)使用的工量具有：_____。

(2)使用的仪器设备有：_____。

3. 具体方案描述

_____

_____

_____

_____

_____。

三 计划实施

(一)安全注意事项及技能要点

1. 安全注意事项

(1)实训过程中不得佩戴金属饰物,工作服衣袋内不得有金属物件,例如钥匙、手机等。

(2)维修人员作业时必须穿戴高压安全防护用品,如绝缘手套、绝缘鞋、绝缘帽等。

(3)对高压部件进行作业时,必须确认车辆钥匙处于 LOCK 挡位,并将辅助蓄电池电源断开。

2. 技能要点

(1)能正确执行高压下电,做好高压安全防护准备。

(2)能正确断开动力蓄电池维修开关。

(3)能正确拆卸动力蓄电池高低压线束插接器。

(4)能正确检查动力蓄电池。

(5)能正确使用绝缘测试仪,检查动力蓄电池的外部绝缘性。

(二)动力蓄电池检查任务实施

动力蓄电池检查操作方法及说明见表 1-3。

动力蓄电池检查操作方法及说明　　　　　　　　　　　　　　　表 1-3

步骤	操作方法及说明	质量标准及记录
高压安全防护准备	(1) 打开左前车门,安装脚垫、座椅套和转向盘套; (2) 关闭点火开关,拔下车钥匙,车钥匙放工作服口袋内; (3) 隔离区放置高压危险警示牌; (4) 拆下辅助蓄电池负极; (5) 用绝缘胶带包好辅助蓄电池负极 	□ 正确放置车内防护三件套 □ 车辆处于关闭状态 □ 车钥匙妥善保管 □ 正确放置高压危险警示牌 □ 正确断开辅助蓄电池负极 □ 辅助蓄电池负极缠上胶布
断开动力蓄电池维修开关	(1) 拆卸后排座椅; (2) 取下后排座椅地垫 	□ 正确拆卸后排座椅和地垫
	拆卸动力蓄电池维修开关上面盖板的四颗紧固螺钉,取下盖板 	□ 正确拆卸维修开关盖板

步骤	操作方法及说明	质量标准及记录
断开动力蓄电池维修开关	（1）穿戴高压安全防护用品； （2）使用工具撬起维修开关锁止按钮 	□正确佩戴高压安全防护用品 □正确撬起维修开关锁止按钮，且开关锁止按钮无损坏
	（1）向上扳起维修开关的黑色把手呈90°； （2）向上垂直拔出维修开关； （3）将维修开关存放在人员无法轻易接触的地方 	□正确拆卸维修开关
	（1）使用绝缘材料覆盖维修开关安装位置； （2）拔出维修开关后，需等待5min以上，让新能源汽车的高压电容器进行自放电 	□正确使用绝缘材料覆盖维修开关的安装位置 □等待5min后进行高压操作

步骤	操作方法及说明	质量标准及记录
拆卸动力蓄电池线束插接器	（1）举升机使用前，应清除举升机附近妨碍作业的器具及杂物； （2）安装车内外防护三件套； （3）车辆处于举升机中间位置，将举升机举升臂移动对正该车型规定的举升点； （4）举升时，四个举升臂应在同一个平面上，举升臂胶垫应与车辆底盘支撑部位完全接触； （5）举升车辆到一定高度，在车辆前后按压车辆数次，检查车辆支撑是否稳定； （6）操作举升前，再次观察车辆周围有无人员或其他物体； （7）按住上升按钮，举升车辆到适当高度，同时按住上升按钮和下降按钮，举升机被安全锁止； （8）举升车辆到适当高度后，必须锁好保险，确认安全后，才能开始相应作业项目 	□正确操作举升机 □完成车辆举升并锁止
	（1）车底作业时要佩戴护目镜，戴好安全帽； （2）目测动力蓄电池高低压线束插接器连接是否可靠，有无变形、松脱、过热、损坏的情况； （3）佩戴绝缘手套，拆下动力蓄电池高压线束插接器 	□正确拆卸动力蓄电池高压线束插接器
	（1）检查动力蓄电池高压线束插接器外表绝缘胶有无老化，确保动力蓄电池线缆没有破损、挤压、漏电； （2）检查动力蓄电池高压线束插接器内针脚有无锈蚀、退针、弯曲、烧蚀等情况，确保高压线束插接器连接可靠；	□完成动力蓄电池高压线束插接器检查 □正确拆卸动力蓄电池低压线束插接器

步骤	操作方法及说明	质量标准及记录
拆卸动力蓄电池线束插接器	（3）佩戴绝缘手套，拆下动力蓄电池低压线束插接器； （4）检查动力蓄电池低压线束插接器内侧的橡胶密封胶垫是否完好； （5）检查动力蓄电池低压线束插接器中间位置是否有水迹，防止水汽进入插接器内部； （6）检查动力蓄电池低压线束插接器内针脚有无锈蚀、退针、弯曲、烧蚀等情况，确保低压线束插接器连接可靠 	□完成动力蓄电池低压线束插接器检查
检查动力蓄电池箱	检查动力蓄电池箱标识是否清晰，有无破损 	□记录动力蓄电池箱铭牌的基本参数
	检查动力蓄电池箱上盖有无裂痕、磕碰、凹陷、凸起等情况 	□记录动力蓄电池箱上盖的检查情况
	检查下托盘压条螺钉有无松动，边缘有无变形、开裂，底部有无凹陷变形 	□记录动力蓄电池箱下部的检查情况

步骤	操作方法及说明	质量标准及记录
检查动力蓄电池箱	检查动力蓄电池箱的密封性能,密封条有无裂痕、变形、破损 	□记录动力蓄电池箱密封性的检查情况
检查动力蓄电池紧固螺栓	(1)选用和组装绝缘扭力扳手、接杆等工具; (2)按规定次序紧固动力蓄电池螺栓; (3)按维修手册要求的力矩紧固动力蓄电池螺栓 	□正确使用工具 □完成螺栓紧固
检查动力蓄电池外部绝缘性	(1)为避免动力蓄电池漏电,防止线路及内部短路,需要通过检查高压正极、负极搭铁的绝缘电阻来对动力蓄电池高压母线的绝缘性能进行检查; (2)将绝缘测试仪上的测试探头插入 V 和 COM 输入端子; (3)将绝缘测试仪黑表笔与车身接触,红表笔测量高压插座正极端子; (4)按绝缘测试仪上测试按钮,此时将获得正极搭铁绝缘电阻读数; (5)将绝缘测试仪黑表笔与车身接触,红表笔测量高压插座负极端子; (6)按绝缘测试仪上测试按钮,此时将获得负极搭铁绝缘电阻读数; (7)如果测试出的绝缘电阻小于标准值,将需修复或更换	□正确使用绝缘测试仪 □记录绝缘电阻值

四 ⚡ 评价反馈

评价内容见表1-4。

评价表 表1-4

评分项目	评分标准	分值	得分
学习目标	能明确本任务的知识、技能、素养目标,理解任务在工作中的重要程度	5	
工作任务分析	能清晰描述完成本次工作任务内容	2	
	能清晰描述完成本次工作任务需必备的技能与知识点	2	
有效信息获取	动力蓄电池的类型	5	
	镍氢蓄电池结构及特点	5	
	磷酸铁锂蓄电池结构及特点	5	
	三元锂蓄电池结构及特点	5	
	镍氢蓄电池、磷酸铁锂蓄电池、三元锂蓄电池的对比	5	
	动力蓄电池检查	5	
实施方案制订	能清晰地制订并填写本次新能源汽车动力蓄电池基本检查的准备作业计划	5	
	能组织或协同工作小组成员,明确本次任务所需仪器设备、工具、材料的准备与清点,并准备记录	5	
	能组织或协同工作小组成员交流,优化检查方案并记录	5	
任务实施	高压安全防护准备	5	
	断开动力蓄电池维修开关	5	
	拆卸动力蓄电池线束插接器	5	
	检查动力蓄电池箱	5	
	检查动力蓄电池紧固螺栓	5	
	检查动力蓄电池外部绝缘性	5	
任务评价	能通过本次任务实施,结合自己在实训过程中的表现,进行自我评价及自我反思并记录	3	
职业素养	按规定时间完成项目作业	2	
	遵守实训室管理规定、劳动纪律	2	
	积极参与课堂活动、回答问题	2	
	能够按时出勤	2	

续上表

评分项目	评分标准	分值	得分
思政要求	能积极参与小组讨论,发挥团队合作精神;具有较强的安全意识、责任意识;遵守劳动纪律,以积极的态度接受工作任务;学习过程遵循"8S"管理规定	5	
总计		100	

改进建议:

教师签字:

日期:

学习活动2　新能源汽车动力蓄电池线束插接器检查

一　明确任务

根据任务描述,某新能源汽车续驶里程下降,经检测,需要对动力蓄电池线束插接器进行检查与更换,使其恢复正常使用性能。

二　工作准备与计划制订

(一)知识准备

吉利帝豪 EV450 动力蓄电池有高压线束插接器 BV16 和 BV23,蓄电池母线插头 BV16 通过高压直流母线和_____连接,快充高压插头 BV23 通过快充线束和_____连接,如图1-5所示。

吉利帝豪 EV450 动力蓄电池有两个低压线束插接器 CA69 和 CA70,分别和_____与_____进行通信,如图1-6所示。

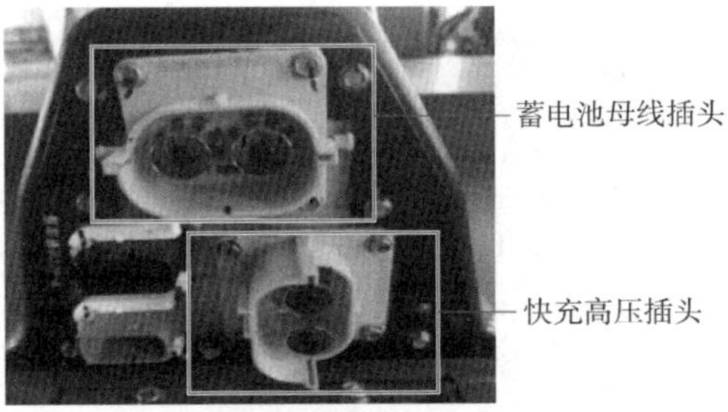

图 1-5　高压线束插接器图

图 1-6　低压线束插接器

1. CA69 动力蓄电池低压线束插接器

CA69 动力蓄电池低压线束插接器用于和_____进行低压通信,如图 1-7 所示,电路图中的低压线束插接器和动力蓄电池上的插座针脚是镜像的,测量时要看清针脚号。

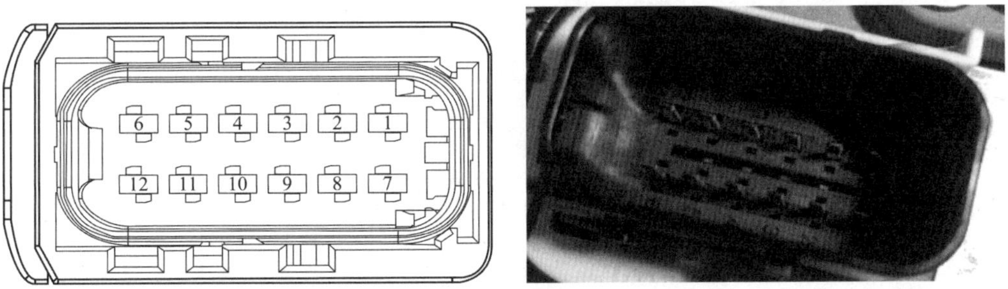

a) CA69低压线束插接器端视图

b) CA69低压线束插座

图 1-7　CA69 低压线束插接器

CA69 动力蓄电池低压线束插接器的端子定义见表 1-5。

CA69 动力蓄电池低压线束插接器的端子定义　　　　　表 1-5

端子号	端子定义	端子号	端子定义
1	————	7	IG2
2	————	8	—
3	PCAN-H	9	————
4	PCAN-L	10	————
5	—	11	————
6	ACUCrosh 信号	12	诊断接口 CAN-L

2. CA70 动力蓄电池低压线束插接器

CA70 动力蓄电池低压线束插接器连接直流充电插座,如图 1-8 所示。

CA70 动力蓄电池低压线束插接器的端子定义见表 1-6。

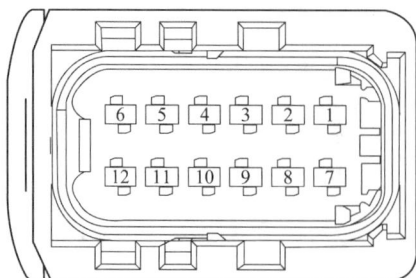

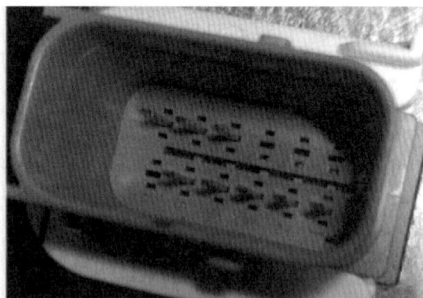

<table>
<tr><td>a) CA70低压线束插接器端视图</td><td>b) CA70低压线束插座</td></tr>
</table>

图 1-8　CA70 低压线束插接器

CA70 动力蓄电池低压线束插接器的端子定义　　　　表 1-6

端子号	端子定义	端子号	端子定义
1	快充 CAN-H	7	—
2	快充 CAN-L	8	—
3	———	9	—
4		10	—
5		11	—
6	—	12	———

　　直流充电插座要承载的电流远高于交流充电时,在充电过程中需通过直流充电插座中的 CAN(动力蓄电池低压线束插接器 CA70/1、CA70/2)连接 BMS,完成对充电过程的控制及信息交互。此外,由于车辆在充电过程中需要外部提供低压直流电源,以供其内部电气控制及环境控制设备使用,因此,采用直流充电的车辆需要充电设施提供辅助电源(动力蓄电池低压线束插接器 CA70/4、CA70/5)。CA70/3 为直流充电连接确认信号,CC2、CA70/11、CA70/12 为直流充电插座负极柱温度传感器信号线,如图 1-9所示。

　　3.BV23 动力蓄电池高压线束插接器

　　直流充电桩将交流电转换成直流电,车辆通过直流充电插座上的直流充电口线束插接器 BV20 与 BV23 动力蓄电池高压线束插接器相连接(图 1-9),完成充电过程。BV23 动力蓄电池高压线束插接器如图 1-10 所示。

　　4.BV16 动力蓄电池高压线束插接器

　　交流充电插座提供交流 220V 常用电经过车载充电机,＿＿＿＿＿＿＿将＿＿＿＿＿＿＿转换为＿＿＿＿＿,通过车载充电机上高压线束插接器 BV17 与 BV16 动力蓄电池高压线束连接器相连接,如图 1-11 所示,将高压直流电输送给动力蓄电池,保证车辆正常行驶。BV16 动力蓄电池高压线束插接器如图 1-12 所示。

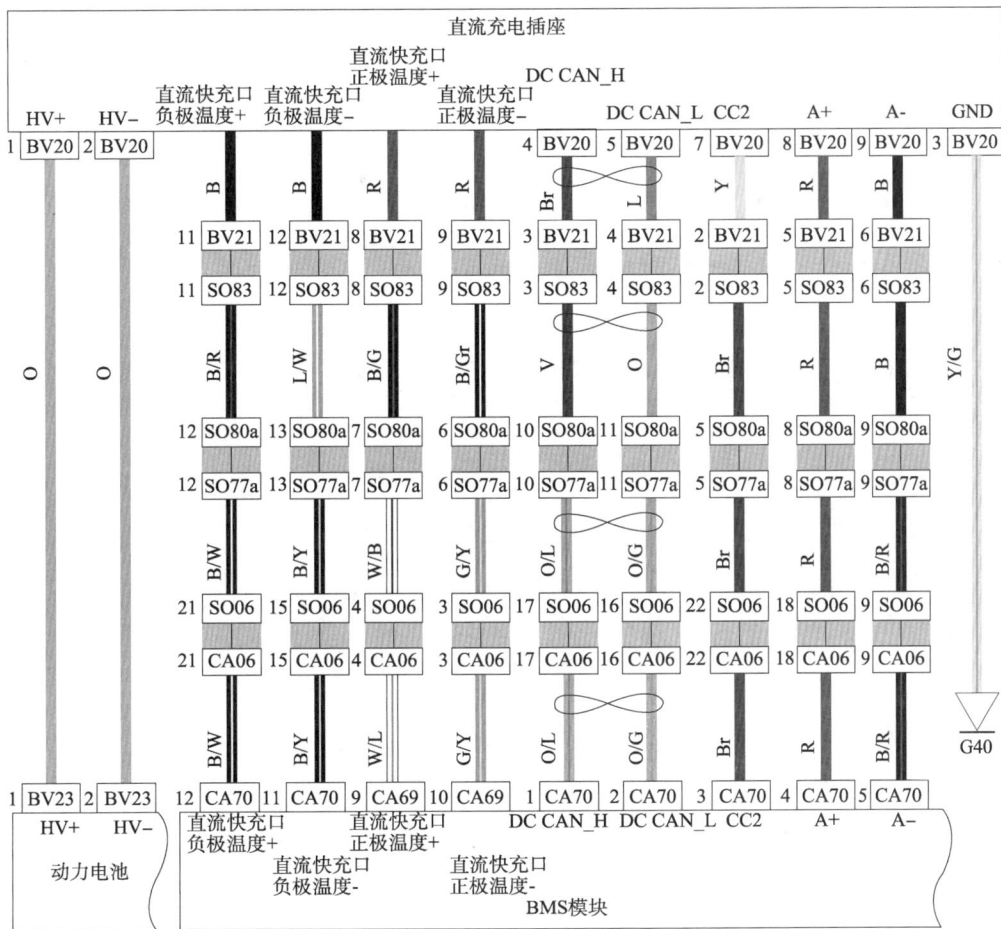

图 1-9 直流充电插座电路图

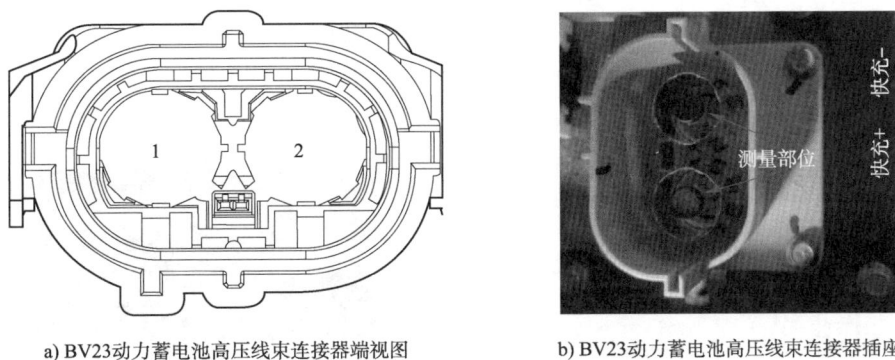

a) BV23动力蓄电池高压线束连接器端视图

b) BV23动力蓄电池高压线束连接器插座

图 1-10 BV23 动力蓄电池高压线束连接器

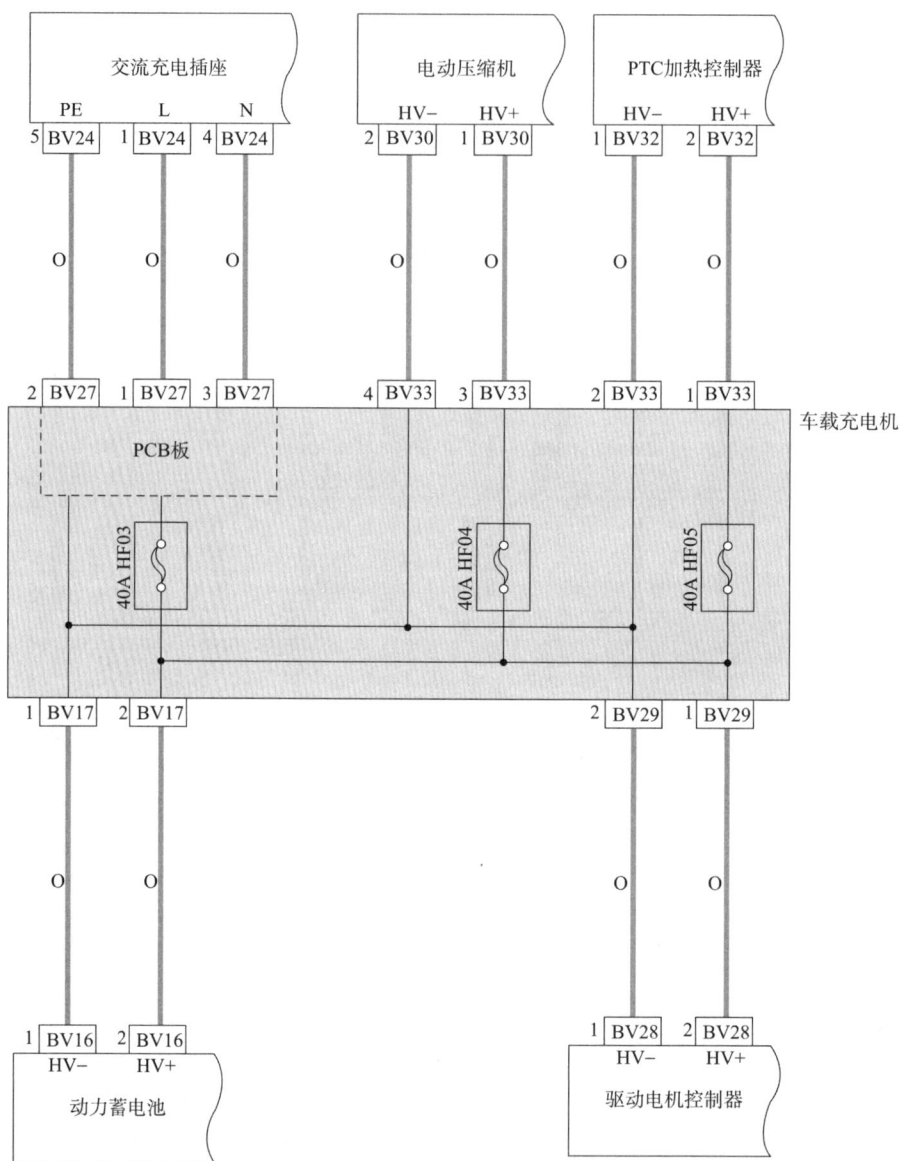

图 1-11　交流充电系统电路图

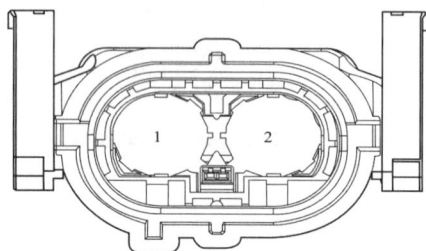

a) BV16动力蓄电池高压线束连接器端视图　　　　b) BV16动力蓄电池高压线束插座

图 1-12　BV16 动力蓄电池高压线束连接器

(二)工作方案制订

1.任务分工

学生任务分配见表1-7。

学生任务分配表

表1-7

班级		组号		指导老师	
组长		任务分工			
组员1		任务分工			
组员2		任务分工			
组员3		任务分工			
组员4		任务分工			
组员5		任务分工			
组员6		任务分工			

2.工量具、仪器设备与耗材准备

(1)使用的工量具有:_____。

(2)使用的仪器设备有:_____。

3.具体方案描述

_____

_____

_____

_____

_____。

三 计划实施

(一)安全注意事项及技能要点

1.安全注意事项

(1)实训过程中不得佩戴金属饰物,工作服衣袋内不得有金属物件,例如钥匙、手机等。

(2)维修人员必须穿戴必要的防护用品,如绝缘手套、绝缘鞋、绝缘帽等。

(3)能进行三不落地操作,进行工具清洁、校准、存放操作。

2.技能要点

(1)能按照规范正确地安装线束插接器的插座。

（2）能按照规范正确地安装高低压线束插接器。

（3）能按照规范正确地检查高低压线束插接器。

（4）能正确地使用绝缘测试仪测量高压插座绝缘性。

（二）动力蓄电池线束插接器检查任务实施

动力蓄电池线束插接器检查操作方法及说明见表1-8。

动力蓄电池线束插接器检查操作方法及说明　　　　　　　　表1-8

步骤	操作方法及说明	质量标准及记录
认知动力蓄电池线束插接器	动力蓄电池线束接插器包括维修开关、直流充电、低压连接、高压连接四个插头 负极　直流充电插头　正极　维修开关 低压连接插头　负极　高压连接插头　正极	□ 完成线束插接器的认知
安装线束插接器的插座	安装直流母线插座，四个六角螺栓，紧固力矩5N·m 	□ 完成直流母线插座的安装
	安装维修开关插座，四个六角螺栓，紧固力矩5N·m 	□ 完成维修开关插座的安装

步骤	操作方法及说明	质量标准及记录
安装线束插接器的插座	安装低压线束插座,四个六角螺栓,紧固力矩5N·m 	□完成低压线束插座的安装
	安装低压线束插座接地线 	□完成低压线束插座接地线的安装
	安装直流充电插座,四个六角螺栓,紧固力矩5N·m 	□完成直流充电插座的安装
	安装直流充电、维修开关、直流母线高压线束 	□完成高压线束的安装
检查高压线束插接器的插座绝缘性	(1)佩戴绝缘手套,打开并设置绝缘电阻仪量程; (2)测量维修开关插座绝缘阻值(标准值≥20MΩ),如测出绝缘电阻小于标准值,将需修复或更换	□正确选用绝缘测试仪 □记录维修开关插座绝缘电阻值

步骤	操作方法及说明	质量标准及记录
检查高压线束插接器的插座绝缘性	 (1)佩戴绝缘手套,打开并设置绝缘电阻仪量程; (2)测量直流母线插座绝缘阻值(标准值≥20MΩ),如测出绝缘电阻小于标准值,将需修复或更换 	□正确选用绝缘测试仪 □记录直流母线插座绝缘电阻值
	(1)佩戴绝缘手套,打开并设置绝缘电阻仪量程; (2)测量直流充电插座绝缘阻值(标准值≥20MΩ),如测出绝缘电阻小于标准值,将需修复或更换 	□正确选用绝缘测试仪 □记录直流充电插座绝缘电阻值
安装动力蓄电池线束插接器	安装低压线束插接器 	□完成低压线束插接器的安装

步骤	操作方法及说明	质量标准及记录
安装动力蓄电池线束插接器	安装直流充电插接器 	□完成直流充电插接器的安装
	安装维修开关插接器 	□完成维修开关插接器的安装
	安装直流母线插接器 	□完成直流母线插接器的安装
检查动力蓄电池线束插接器	检查插接器有无变形、松脱、过热情况 	□记录检查结果

续上表

步骤	操作方法及说明	质量标准及记录
检查动力蓄电池 线束插接器	检查插接器插针有无退针、弯曲情况 	□记录检查结果
	检查插接器与插座连接完好情况 	□记录检查结果

四 评价反馈

评价内容见表1-9。

评价表 表1-9

评分项目	评分标准	分值	得分
学习目标	能明确本任务的知识、技能、素养目标,理解任务在工作中的重要程度	5	
工作任务分析	能清晰描述完成本次工作任务内容	2	
	能清晰描述完成本次工作任务需必备的技能与知识点	2	
有效信息获取	动力蓄电池低压线束插接器的作用	5	
	动力蓄电池低压线束插接器的端子定义	10	
	动力蓄电池高压线束插接器的作用	5	
实施方案制订	能清晰地制订并填写本次新能源汽车动力蓄电池线束插接器检查的作业计划	5	
	能组织或协同工作小组成员,明确本次任务所需仪器设备、工具、材料的准备与清点,并准备记录	5	
	能组织或协同工作小组成员交流,优化检查方案并记录	5	

续上表

评分项目	评分标准	分值	得分
任务实施	认知动力蓄电池线束插接器	8	
	安装动力蓄电池线束插接器的插座	8	
	检查高压线束插接器的插座绝缘性	8	
	安装动力蓄电池高低压线束插接器	8	
	检查动力蓄电池线束插接器	8	
任务评价	能通过本次任务实施,结合自己在实训过程中的表现,进行自我评价及自我反思并记录	3	
职业素养	按规定时间完成项目作业	2	
	遵守实训室管理规定、劳动纪律	2	
	积极参与课堂活动、回答问题	2	
	能够按时出勤	2	
思政要求	能积极参与小组讨论,发挥团队合作精神;具有较强的安全意识、责任意识;遵守劳动纪律,以积极的态度接受工作任务;学习过程遵循"8S"管理规定	5	
总计		100	

改进建议:

教师签字:

日期:

学习活动 3　新能源汽车动力蓄电池更换

一 明确任务

根据任务描述,某新能源汽车续驶里程下降,经检测,需要对动力蓄电池进行检查与更换,使其恢复正常使用性能。

二　工作准备与计划制订

(一)知识准备

1.动力蓄电池基本性能指标

动力蓄电池基本性能指标主要有_____、容量、内阻、_____等。

(1)蓄电池电压。

蓄电池电压是指蓄电池正负极之间的电势差,它是衡量蓄电池能够提供电能能力的一个重要物理量。蓄电池电压主要有工作电压、额定电压、充电终止电压和放电终止电压等。

(2)蓄电池容量。

蓄电池电池容量是指电池在完成充电后,在特定放电条件下蓄电池能够释放的电荷量,其单位为A·h。蓄电池容量大小不仅与放电电流的幅值密切相关,还取决于充、放电过程中的截止电压设定。在实际应用与研究中,常用的容量概念包括额定容量与实际容量。

(3)蓄电池内阻。

蓄电池内阻是指电池在工作时,电流流过电池内部所受到的阻力。蓄电池内阻与电池的尺寸、结构、装配等有关。

(4)自放电率。

对所有化学电源,即使在与外界电路无任何接触的条件下开路放置,其容量也会自然衰减,这种现象称为自放电。蓄电池自放电的大小用自放电率衡量,通常以单位时间内容量减少的百分比表示。

2.动力蓄电池其他性能指标

(1)蓄电池比能量。

蓄电池比能量有两种:一种叫_____,用瓦时/千克(W·h/kg)表示;另一种叫_____,用瓦时/升(W·h/L)表示。比能量的物理意义是,蓄电池为单位重量或单位体积时所具有的有效电能量,它是比较蓄电池性能优劣的重要指标。

(2)能量密度。

能量密度是指在一定的空间或质量物质中储存能量的大小。动力蓄电池能量密度越大,储存同样多的能量时自身体积越小。

(3)蓄电池比功率。

蓄电池单位重量或单位体积输出功率称为蓄电池的比功率,其单位是瓦/千克(W/kg)或瓦/升(W/L)。如果一个蓄电池的比功率较大,则表明在单位时间内,单位重量或单位体积中给出的能量较多,即表示此蓄电池能用较大的电流放电。因此,蓄电池的比功率也是评价蓄电池性能优劣的重要指标之一。

（4）循环寿命。

蓄电池循环寿命也称为_____，是衡量蓄电池性能的一个重要参数。经受一次充电和放电，称为一次循环（或一个周期）。在一定的充放电制度下，蓄电池容量降至某一规定值之前，蓄电池能耐受的充放电次数，称为蓄电池的充放电循环寿命。充放电循环寿命越长，蓄电池的性能越好。

（5）放电率和放电深度。

放电率是指放电时的速率，常用_____和_____表示。时率是指以放电时间表示的放电速率，即以一定的放电电流放完额定容量所需的时间。倍率是指蓄电池在规定时间内放出额定容量所输出的电流值，数值上等于额定容量的倍数。

放电深度（Depth of Discharge，DOD）是表示放电程度的一种量度，它是放电容量与总放电容量的百分比。

（6）荷电状态。

荷电状态（State of Charge，SOC）是指剩余电量与额定容量或实际容量的比例。

（二）工作方案制订

1. 任务分工

学生任务分配见表1-10。

学生任务分配表　　　　　　　　　　表1-10

班级		组号		指导老师	
组长		任务分工			
组员1		任务分工			
组员2		任务分工			
组员3		任务分工			
组员4		任务分工			
组员5		任务分工			
组员6		任务分工			

2. 工量具、仪器设备与耗材准备

（1）使用的工量具有：_____。

（2）使用的仪器设备有：_____。

3. 具体方案描述

_____

_____

_____

_____

_____。

三 计划实施

(一)安全注意事项及技能要点

1. 安全注意事项

(1)实训过程中不得佩戴金属饰物,工作服衣袋内不得有金属物件,例如钥匙、手机等。

(2)维修人员必须穿戴必要的防护用品,如绝缘手套、绝缘鞋、绝缘帽等。

(3)对高压部件进行作业时,必须确认车辆钥匙处于 LOCK 挡位并将辅助蓄电池电源断开。

2. 技能要点

(1)能正确地做好高压安全防护工作。

(2)能正确地拆卸动力蓄电池。

(3)能正确地安装动力蓄电池。

(二)动力蓄电池更换任务实施

拆卸动力蓄电池　　安装动力蓄电池

动力蓄电池更换操作方法及说明见表 1-11。

动力蓄电池更换操作方法及说明　　　　　　　　　表 1-11

步骤	操作方法及说明	质量标准及记录
拆卸动力蓄电池	(1)设置隔离栏; (2)检查灭火器; (3)穿戴高压安全防护用品; (4)检查万用表、绝缘测试仪; (5)检查确认电子驻车制动系统和挡位完成后,关闭电源开关; (6)断开辅助蓄电池负极,用绝缘胶带包好辅助蓄电池负极极柱 	□正确设置隔离栏 □正确检查灭火器 □正确穿戴高压安全防护用品 □正确检查万用表和绝缘测试仪 □检查电子驻车制动系统和挡位 □正确断开辅助蓄电池负极

步骤	操作方法及说明	质量标准及记录
拆卸动力蓄电池	(1)拆卸后排座椅垫； (2)用绝缘起子拆卸动力蓄电池维修开关螺栓； (3)佩戴绝缘手套,将动力蓄电池维修开关取下并妥善保管； (4)使用绝缘材料覆盖维修开关安装位置	□完成后排座椅垫的拆卸 □正确拆卸动力蓄电池维修开关螺栓 □正确断开维修开关 □将维修开关放置在工具箱
	(1)安装车内外防护三件套； (2)举升机将汽车上升并锁止； (3)车底作业时要佩戴护目镜,戴好安全帽； (4)佩戴绝缘手套,断开动力蓄电池的高低压线束插接器,用密封胶带或束口袋包好； (5)静止车辆5min； (6)动力蓄电池母线侧验电； (7)密封高压部件接口	□正确安装车内外防护三件套 □车辆平稳上升,并落锁 □正确断开线束插接器 □口头报告静止车辆5min □正确动力蓄电池母线侧验电 □正确密封高压部件接口
	(1)将蓄电池托举装置移动至动力蓄电池正下方的位置； (2)放下托举装置的支撑座,使其与地面接触 	□正确使用动力蓄电池托举装置

步骤	操作方法及说明	质量标准及记录
拆卸动力蓄电池	（1）操作托举装置上的托板,使其缓慢上升,调整托板的位置; （2）托板对准动力蓄电池正下方,使托板与动力蓄电池下方完全接触; （3）锁止蓄电池托举装置 	□完成托板抵住动力蓄电池下方
	（1）选用并组装扳手、接杆、套筒等工具; （2）拆卸动力蓄电池搭铁线固定螺栓; （3）按对角线拆卸动力蓄电池与车身的固定螺栓 	□正确使用工具 □完成拆卸动力蓄电池与车身的固定螺栓
	（1）操作动力蓄电池托举装置的托板,使其台面中心与动力电池底部重心位置完全接触; （2）操作托举装置上的托板,使其下降; （3）动力蓄电池下降过程中,可微移蓄电池托举装置,避免动力蓄电池与后悬架,防撞梁的干扰	□正确使用托举装置,配合拆下动力蓄电池

续上表

步骤	操作方法及说明	质量标准及记录
拆卸动力蓄电池	(1)收起托举装置的支撑座； (2)移动托举装置，将拆卸下的动力蓄电池放置到安全位置 	□正确使用托举装置将动力蓄电池送至安全位置
安装动力蓄电池	(1)移动力蓄电池托举装置到车身动力蓄电池安装位置的正下方； (2)放下动力蓄电池托举装置的支撑座，使支撑座与地面接触； (3)缓慢举升蓄电池托举装置，调整到合适位置 	□完成动力蓄电池对准车身蓄电池安装位置
	(1)缓慢举升动力蓄电池托举装置上的托板，调整托板举升位置； (2)使动力蓄电池总成上安装孔与车身对齐 	□完成动力蓄电池托举装置的上升

续上表

步骤	操作方法及说明	质量标准及记录
安装动力蓄电池	（1）检查动力蓄电池是否对准安装位置，四周是否压住其他元件，螺栓安装孔是否匹对等； （2）使用工具按对角线安装方式紧固动力蓄电池与车身的固定螺栓； （3）安装动力蓄电池搭铁线固定螺栓； （4）取下包在动力蓄电池高压线束插接器上的密封胶带或束口袋； （5）安装动力蓄电池的高低压线束插接器； （6）动力蓄电池的高低压线束插接器插接时，要注意"一插二响三确认"	□记录动力蓄电池安装位置和螺栓安装孔对准的情况 □正确使用工具 □完成螺栓紧固 □正确安装动力蓄电池高低压线束插接器
	（1）操作动力蓄电池托举装置的托板下降至合适高度； （2）移动动力蓄电池托举装置到安全位置； （3）按照标准流程，落下举升机； （4）取下绝缘胶布，连接蓄电池负极电缆； （5）拆卸车内、车外防护三件套，关闭前舱盖； （6）按"8S"要求复位工位	□完成动力蓄电池托举装置的下降 □完成动力蓄电池托举装置送至安全位置 □按"8S"要求恢复工位

四 评价反馈

评价内容见表1-12。

评价表   表 1-12

评分项目	评分标准	分值	得分
学习目标	能明确本任务的知识、技能、素养目标,理解任务在工作中的重要程度	5	
工作任务分析	能清晰描述完成本次工作任务内容	2	
	能清晰描述完成本次工作任务需必备的技能与知识点	2	
有效信息获取	动力蓄电池基本性能指标	10	
	动力蓄电池其他性能指标	10	
实施方案制订	能清晰地制订并填写本次动力蓄电池更换作业计划	5	
	能组织或协同工作小组成员,明确本次任务所需仪器设备、工具、材料的准备与清点,并准备记录	5	
	能组织或协同工作小组成员交流,优化检查方案并记录	5	
任务实施	正确地拆卸动力蓄电池	20	
	正确地安装动力蓄电池	20	
任务评价	能通过本次任务实施,结合自己在实训过程中的表现,进行自我评价及自我反思并记录	3	
职业素养	按规定时间完成项目作业	2	
	遵守实训室管理规定、劳动纪律	2	
	积极参与课堂活动、回答问题	2	
	能够按时出勤	2	
思政要求	能积极参与小组讨论,发挥团队合作精神;具有较强的安全意识、责任意识;遵守劳动纪律,以积极的态度接受工作任务;学习过程遵循"8S"管理规定	5	
总计		100	

改进建议:

教师签字:

日期:

学习活动 4　新能源汽车动力蓄电池模组检测

一　明确任务

根据任务描述,某新能源汽车续驶里程下降,经检测,需要对动力蓄电池模组进行检查与更换,使其恢复正常使用性能。

二　工作准备与计划制订

(一)知识准备

1. 单体蓄电池

单体蓄电池是将化学能与电能进行相互转换的基本单元装置,通常包括电极、隔膜、电解质、外壳和端子,并被设成为可充电,也称作电芯。

2. 动力蓄电池模组

动力蓄电池主要由_____、_____、_____等部件组成。在动力蓄电池箱内,一定数量单体蓄电池组成一个动力蓄电池模组,若干个动力蓄电池模组则组合成动力蓄电池。

动力蓄电池模组是通过_____、_____等形式来提高电压或增加容量。并联的目的是增加动力蓄电池模组的_____,而电压不变;串联的目的是提高动力蓄电池模组的_____。如图 1-13 所示,四个动力蓄电池模组都由压板、绝缘隔板、连接片、多个单体蓄电池、采样线等组成。

3. 动力蓄电池箱

动力蓄电池箱作为动力蓄电池的载体,在动力蓄电池安全及防护方面起着关键作用,因此,动力蓄电池箱的设计需要考虑多个方面的因素,包括机械结构安全性、电安全性、防水防尘密封性能、通风散热及加热性能。《电动汽车用动力蓄电池产品规格尺寸》(GB/T 34013—2017)就推荐了适用于电动商用车的动力蓄电池标准典型尺寸。

4. 动力蓄电池成组的连接

_____是构成动力蓄电池的最小单元,动力蓄电池模组是指用一些连接件把单体蓄电池通过_____方式组合成整体,这些连接件除了固定好电芯自身,具备足够的强度和刚度作用外,还有预留动力蓄电池模组对外的连接、固定方式和位置的作用。此外,动力蓄电池箱内还有电压采集线、温度采集线和模块间通信线等用于电连接的线束。

图1-13 动力蓄电池模组

(二)工作方案制订

1.任务分工

学生任务分配见表1-13。

学生任务分配表   表1-13

班级		组号		指导老师	
组长		任务分工			
组员1		任务分工			
组员2		任务分工			
组员3		任务分工			
组员4		任务分工			
组员5		任务分工			
组员6		任务分工			

2.工量具、仪器设备与耗材准备

(1)使用的工量具有：_____。

(2)使用的仪器设备有：_____。

3.具体方案描述

_____

_____

_____

三 计划实施

(一)安全注意事项及技能要点

1. 安全注意事项

(1)实训过程中不得佩戴金属饰物,工作服衣袋内不得有金属物件,例如钥匙、手机等。

(2)维修人员必须穿戴必要的防护用品,如绝缘手套、绝缘鞋、绝缘帽等。

(3)单体蓄电池装配成组时,注意蓄电池极性首尾相连。

2. 技能要点

(1)能正确地进行单体蓄电池的串联、并联和混联。

(2)能正确地进行动力蓄电池模组的安装。

(3)能正确地进行动力蓄电池模组的测试。

(二)动力蓄电池模组检查任务实施

动力蓄电池模组检查操作方法及说明见表1-14。

动力蓄电池模组检查操作方法及说明   表1-14

步骤	操作方法及说明	质量标准及记录
单体蓄电池的串联、并联和混联	(1)单体蓄电池、万用表、极柱连接片、固定螺栓摆放整齐; (2)将安全防护用品、蓄电池拆装工具等物品在工位摆放整齐; (3)将警示标识和设备、绝缘地胶、灭火器等物品在工位摆放整齐; (4)单体蓄电池以串联的方式连接成组; (5)万用表测量串联蓄电池组的电压 	□正确串联单体蓄电池 □正确测量串联蓄电池组的电压

续上表

步骤	操作方法及说明	质量标准及记录
单体蓄电池的串联、并联和混联	(1)单体蓄电池、万用表、极柱连接片、固定螺栓摆放整齐； (2)将安全防护用品、蓄电池拆装工具等物品在工位摆放整齐； (3)将警示标识和设备、绝缘地胶、灭火器等物品在工位摆放整齐； (4)单体蓄电池以并联的方式连接成组； (5)万用表测量并联蓄电池组的电压 	□正确并联单体蓄电池 □正确测量并联蓄电池组的电压
	(1)单体蓄电池、万用表、极柱连接片、固定螺栓摆放整齐； (2)将安全防护用品、蓄电池拆装工具等物品在工位摆放整齐； (3)将警示标识和设备、绝缘地胶、灭火器等物品在工位摆放整齐； (4)将单体蓄电池以先并联再串联的方式连接组； (5)万用表测量混联蓄电池组的电压	□正确混联单体蓄电池 □正确测量混联蓄电池组的电压
安装动力蓄电池模组	(1)安装动力蓄电池模组盒,组装侧板与底板； (2)紧固侧板与底板之间的螺栓 	□正确组装底板和侧板

步骤	操作方法及说明	质量标准及记录
安装动力蓄电池模组	(1)安装动力蓄电池模组盒,组装侧板与端板; (2)紧固所有螺栓,螺栓旋入后,端板应向中心收拢 	□正确组装端板和侧板
	(1)使用数字万用表,使用前进行校准; (2)测量每个单体蓄电池电压,做好记录; (3)测量完成后,对比各单体蓄电池电压值,各单体差值不超过0.1V 	□记录单体蓄电池电压值
	(1)使用内阻测试仪,使用前进行校零; (2)测量各单体蓄电池内阻,做好记录; (3)根据被测结果,对比各单体蓄电池内阻,各单体差值不超过1mΩ; (4)对单体蓄电池进行分档,剔除缺陷单体蓄电池 	□记录单体蓄电池内阻值
	(1)测试仪表使用后,关闭电源并放回原位; (2)将单体蓄电池按顺序放入模组盒; (3)安装时注意极柱正负极顺序;	□正确将单体蓄电池安放到模组盒中

步骤	操作方法及说明	质量标准及记录
安装动力蓄电池模组	（4）插入并固定绝缘隔板 	
	（1）用极柱连接片将动力蓄电池模组盒中单体蓄电池混联成组； （2）拧紧极柱连接片螺栓 	□正确混联模组盒中单体蓄电池
	（1）安装动力蓄电池模组固定板； （2）拧紧压板螺栓 	□正确安装动力蓄电池模组固定板
	（1）测量温度传感器； （2）安装动力蓄电池模组温度传感器采集线束； （3）安装动力蓄电池模组电压传感器采集线束；	□正确安装动力蓄电池模组采集线束

步骤	操作方法及说明	质量标准及记录
安装动力蓄电池模组	 (4)固定采样线束插座	
	(1)用上述同样方法,组装多个动力蓄电池模组; (2)用动力蓄电池连接片将各动力蓄电池模组连接在一起; (3)按照规定力矩紧固动力蓄电池连接片螺栓 	□正确使用动力蓄电池连接片连接各蓄电池电池模组
检测动力蓄电池模组	(1)校准万用表,测量每个动力蓄电池模组的电压; (2)检查动力蓄电池各模组电压是否一致 	□记录动力蓄电池模组电压测量值
	(1)对动力蓄电池模组的绝缘性测试,校零绝缘测试仪,选择合适的量程; (2)单手分别测量各动力蓄电池模组的对地绝缘性,注意绝缘测试仪一个表笔接地点,另一表笔测试动力蓄电池模组正极或负极的绝缘性	□记录动力蓄电池模组电压绝缘值

续上表

步骤	操作方法及说明	质量标准及记录
检测动力蓄电池模组	 (1)检查动力蓄电池采集线束是否有破损、挤压、弯曲等情况； (2)检查动力蓄电池采集线束密封胶套是否完好 	□记录动力蓄电池采集线束的检查情况
	(1)检查单体蓄电池之间极柱连接片螺栓是否松动； (2)检查动力蓄电池模组之间连接片上的联结螺栓是否松动； (3)使用绝缘套筒及扭力扳手紧固 	□记录动力蓄电池联结螺栓的检查情况

四 评价反馈

评价内容见表1-15。

评价表 表1-15

评分项目	评分标准	分值	得分
学习目标	能明确本任务的知识、技能、素养目标,理解任务在工作中的重要程度	5	
工作任务分析	能清晰描述完成本次工作任务内容	2	
	能清晰描述完成本次工作任务需必备的技能与知识点	2	
有效信息获取	动力蓄电池模组的概念	10	
	动力蓄电池模组的连接	10	
实施方案制订	能清晰地制订并填写本次新能源汽车动力蓄电池模组检测的准备作业计划	5	
	能组织或协同工作小组成员,明确本次任务所需仪器设备、工具、材料的准备与清点,并准备记录	5	
	能组织或协同工作小组成员交流,优化检查方案并记录	5	
任务实施	完成单体蓄电池的串联、并联和混联	10	
	安装动力蓄电池模组	15	
	检查动力蓄电池模组	15	
任务评价	能通过本次任务实施,结合自己在实训过程中的表现,进行自我评价及自我反思并记录	3	
职业素养	按规定时间完成项目作业	2	
	遵守实训室管理规定、劳动纪律	2	
	积极参与课堂活动、回答问题	2	
	能够按时出勤	2	
思政要求	能积极参与小组讨论,发挥团队合作精神;具有较强的安全意识、责任意识;遵守劳动纪律,以积极的态度接受工作任务;学习过程遵循"8S"管理规定	5	
总计		100	

改进建议:

教师签字:

日期:

学习活动 5　新能源汽车动力蓄电池模组均衡

一　明确任务

根据任务描述,某新能源汽车续驶里程下降,经检测,需要对蓄电池模组进行能量均衡,使其恢复正常使用性能。

二　工作准备与计划制订

(一)知识准备

1. 电池管理系统

_____(Battery Management System, BMS)是动力蓄电池保护和管理的核心部件。在动力蓄电池系统中,BMS 不仅要保证动力蓄电池安全可靠的使用,而且要充分发挥动力蓄电池的能力和延长使用寿命。BMS 作为动力蓄电池和整车控制器以及驾驶者沟通的桥梁,通过控制接触器来控制动力蓄电池的充放电,并向整车控制器上报动力蓄电池系统的基本参数及故障信息。电池管理系统主要的功能如下。

1)蓄电池状态监控

蓄电池状态监控主要功能是实时监测_____、_____等信息。电流监测主要实现对动力蓄电池整体的电流的采集,并实时上传数据;电压监测包括两个部分:动力蓄电池整体电压和单体电压检测,然后实时上传数据;同样,温度监测是对动力蓄电池模组和整个系统进行检测,并实时上传数据。

2)能量均衡

能量均衡 BMS 关键技术的组成部分。多个不同的单体蓄电池构成电池模组,成组后的单体蓄电池之间在蓄电池_____、_____、_____、_____等方面存在不一致性,这不仅缩短蓄电池的寿命,而且会导致整个蓄电池模组的放电效率大大降低,而为了消除这些弊端就必须消除或避免蓄电池的不一致性,因此,能量均衡是动力蓄电池管理系统中不可或缺的一部分。

3)SOC 计算

蓄电池电量计算是 BMS 关键技术的组成部分,蓄电池剩余电量就类似于燃油汽车的剩余油量,通过剩余电量估计,可以实时了解新能源汽车电量的使用情况,并估计剩余可行驶里程。蓄电池剩余电量通常可用_____表示,数值一般以百分数形式显示。

4）安全管理

安全管理是对整个动力蓄电池系统进行安全保护，主要包括_____、_____和_____。

（1）过电流保护。由于单体蓄电池有一定的内阻，当工作电流过大时，动力蓄电池内部会产生热量，从而造成动力蓄电池温度升高、热稳定性下降。BMS 会通过判断采集的充放电电流值是否超过安全范围，决定采取相应的安全保护措施。

（2）过充过放保护。过充电会使动力蓄电池正极晶格结构被破坏，从而导致动力蓄电池容量_____，如果电压过高还会引发因正负极_____而造成的爆炸。过放电会导致放电电压低于蓄电池放电截止电压，使蓄电池负极上的金属集流体被溶解，动力蓄电池被损坏，若继续给这种蓄电池充电，则有内部短路或漏液的危险。BMS 会判断采集的单体蓄电池电压值是否超过充放电的限制电压，如果电压值超过限制，BMS 就会断开充放电回路从而保护动力蓄电池系统。

（3）绝缘监测。动力蓄电池的电压通常有几百伏，如果出现_____，会对人员造成伤害。BMS 会实时监测绝缘阻值，在该值低于安全范围时，上报故障，并断开高压电。

5）温度控制

温度控制是为了调节新能源汽车行驶时动力蓄电池发热温度，在温度超过限定值时，BMS 开始进行温度调节，结合热管理系统，使动力蓄电池温度保持在正常工作范围内。BMS 在蓄电池温度过高或过低时，禁止动力蓄电池系统进行充放电。

6）通信功能

通信功能是实现信息交互、连接汽车设备与 BMS 间的媒介，目前，常用的通信方式是通过 CAN 总线进行数据传递。CAN 总线具有传递效率高、信号稳定和传输速度快等优点。

2. 动力蓄电池能量均衡

1）动力蓄电池能量均衡的原因

动力蓄电池模组由许多连接在一起的单体蓄电池组成，当单体蓄电池的状态发生变化时，动力蓄电池模组就会失去平衡。

动力蓄电池模组失去平衡，在制造和工作过程中都可能会出现。在制造过程中，动力蓄电池模组可能是由荷电状态（SOC）、容量、阻抗或使用年限略有不同的单体蓄电池组装而成，这意味着组装后的电池模组在开始使用时就已经失去平衡。在运行过程中，单体蓄电池的排列以及布局等设计因素也可能导致蓄电池模组失去平衡。动力蓄电池模组使用时间越长，单体蓄电池之间出现的差异越大，并且模组还会受到使用环境以及消费者对蓄电池滥用的影响，在使用过程中单体蓄电池的不一致性会被逐渐放大。失去平衡的动力蓄电池无法完全充电或完全放电，不平衡会导致动力蓄电池加速老化，这不仅降低了动力蓄电池性能，也缩短了动力蓄电池的使用寿命。

2)动力蓄电池能量均衡的方式

动力蓄电池能量均衡包括_____和_____两种方式。

(1)被动均衡。

被动均衡是一种电阻耗散型均衡方式,将能量最多的单体蓄电池通过发热元件,例如电阻,将多余能量消耗掉,从而保证单体蓄电池间能量一致,发热元件能耗越大,被动均衡速度越_____,但是过大的发热量对动力蓄电池管理系统设计是一种较大挑战。

被动均衡使用一个电阻器之类的假负载来释放多余的电压,并使其与其他单体蓄电池平衡,这些电阻被称为旁路电阻或放电电阻。每个单体蓄电池通过一个开关与两个旁路电阻相连。控制器测量所有单体蓄电池的电压,并打开电压高于其他单体蓄电池的蓄电池开关。当开关打开时,电压高于其他单体蓄电池的蓄电池,就开始通过电阻放电。

这种方法的效率不高,因为电能会在电阻器中以热量的形式耗散,而且电路还会产生开关损耗。为了避免发热问题,放电电流必须限制在较低值,这就增加了放电时间。

(2)主动均衡。

主动均衡是以单体蓄电池间的能量相互转移为主,通过储能元件将能量多的单体蓄电池转移给能量小的单体蓄电池实现主动式均衡。主动式均衡采用能量传递分配原则,因而,能量可得到更有效利用,均衡效率可达到80%~90%,但主动均衡增加了系统复杂性,成本过高,可靠性也会有所降低。

总之,在被动蓄电池能量平衡中,多余的电荷没有被实际利用,而是被浪费掉了。而在主动式蓄电池能量平衡中,一个单体蓄电池的多余电荷被转移到另一个低电荷的单体蓄电池上,从而使两者达到能量平衡,这主要是利用电容器和电感器等电荷存储元件来实现的。

通过被动均衡和主动均衡,动力蓄电池模组中的每个单体蓄电池都会得到平衡,以保持健康的蓄电池荷电状态(SOC)。这不仅延长了蓄电池的循环寿命,还提供了一层额外的保护,防止蓄电池因深度放电和过度充电而损坏。

(二)工作方案制订

1.任务分工

学生任务分配见表1-16。

学生任务分配表　　　　　　表1-16

班级		组号		指导老师	
组长		任务分工			
组员1		任务分工			
组员2		任务分工			

续上表

班级		组号		指导老师	
组员3		任务分工			
组员4		任务分工			
组员5		任务分工			
组员6		任务分工			

2．工量具、仪器设备与耗材准备

（1）使用的工量具有：_____。

（2）使用的仪器设备有：_____。

3．具体方案描述

_____

_____

_____

_____

_____。

三 计划实施

（一）安全注意事项及技能要点

1．安全注意事项

（1）任务实施前，请做好高压安全防护工作。

（2）学生按照教师指导，开展计划实施。

（3）将动力蓄电池模组平稳放置在工作台上，工作台四周放置防护警示栏；绝不擅自对部件进行拆装调整。

（4）必须在空旷环境下进行电压均衡测试，周围不得有高温易燃易爆及贵重物品，而且必须在有人看管的情况下对蓄电池进行测试。

2．技能要点

（1）能正确通过万用表测量，计算出动力蓄电池模组平均电压值。

（2）能正确按单体蓄电池充放电线束的连接顺序，用电压均衡仪上的线束连接好动力蓄电池模组上各个单体蓄电池。

（3）能正确设置参数对动力蓄电池模组进行充电均衡。

（二）动力蓄电池模组均衡任务实施

动力蓄电池模组如果出现某个单体蓄电池电压过低，且无法修复的故障现象时，通常需要使用更换动力蓄电池模组的方式进行修复。在更换动力蓄电池模组后,需要使用电压均衡仪进行电压的均衡,然后才能安装到动力蓄电池内部。动力蓄电池模组电压均衡操作方法及说明见表1-17(以36串锂蓄电池电压均衡仪为例)。

动力蓄电池模组电压均衡操作方法及说明　　　　表1-17

步骤	操作方法及说明	质量标准及记录
	(1)对动力蓄电池模组进行电压均衡,应根据动力蓄电池内部所有单体蓄电池的当前平均电压,设置电压均衡仪的均衡参数,从而对需要更换的动力蓄电池模块进行电压均衡; (2)电压均衡仪上有3个插线排,可同时对3个动力蓄电池模组进行均衡,当动力蓄电池模组低于12串时,可以任选其中一组 	□完成电压均衡仪的插线排的认知
电压均衡仪的接线方式	(1)插线排从下往上的针脚定义依次为PIN1(V1−)、PIN2(V1+)、PIN3(V2+)、PIN4(V3+)、PIN5(V4+)、PIN6(V5+)、PIN7(V6+)、PIN8(V7+)、PIN9(V8+)、PIN10(V9+)、PIN11(V10+)、PIN12(V11+)、PIN13(V12+); (2)确定动力蓄电池模组内部的单体蓄电池串联顺序,一定要根据串联的顺序确定单体蓄电池的顺序号; (3)PIN1(V1−)连接动力蓄电池模组总负极相连接的单体蓄电池B1−端子;PIN2连接B1+端子;PIN3连接B2+端子,依此类推	□记录插线排从下往上的针脚定义

步骤	操作方法及说明	质量标准及记录
电压均衡仪的操作步骤	（1）将动力蓄电池平稳放置在工作台上，工作台四周放置防护警示栏； （2）测量并记录动力蓄电池各模组的 HV＋与 HV－之间的电压值； （3）将测得的各模组电压值相加后，并除以测量模组数，计算出模块平均电压值； （4）计算出模组平均电压值，作为设置充电停止电压的依据 	□记录动力蓄电池模组平均电压值
	（1）对需要电压均衡的一组动力蓄电池模组进行操作，使用万用表测量电池模组 HV＋与 HV－之间的电压值，确定正极和负极端口，并做好记号； （2）将 HV－端口相连的单体蓄电池作为 1 号单体蓄电池，2 号单体蓄电池与 1 号单体蓄电池串联，注意一定要根据串联的顺序确定单体蓄电池的顺序号； （3）使用万用表测量 1 号单体蓄电池的电压，确定正、负极端口，并使用记号笔做好记号，测量 2 号单体蓄电池的电压，确定正、负极端口，并使用记号笔做好记号。依此类推，对这组动力蓄电池模组剩余单体蓄电池进行标记 	□正确标记各单体蓄电池的正负极端口
	（1）电压均衡仪上有 3 个插线排，可任选一组插线排进行连接； （2）将 PIN1（V1－）连到动力蓄电池模组的 HV 负极端口；	□正确连接线束 □记录线束连接顺序的检查情况

续上表

步骤	操作方法及说明	质量标准及记录
电压均衡仪的 操作步骤	 （3）将 PIN2（V1＋）连接到 1 号动力蓄电池模组单体蓄电池正极端口； （4）将 PIN3（V2＋）连接到 2 号动力蓄电池模组单体蓄电池正极端口，依此类推； （5）电压均衡仪的线束连接好后，再次检查确认线束的连接顺序是否正确	
	（1）连接电压均衡仪的电源，进行开机，先开单组开关，再开总开关； （2）屏幕开机后，在主页面点击"参数设置"，在"蓄电池类型选择"项目第二组输入 2 表示"三元锂"，或输入 1 表示"磷酸铁锂"，输入相应的数字以确认蓄电池的类别； （3）点击"工作停止电压"选项，设置充电停止电压，根据计算得出的单体蓄电池平均电压进行输入数值，例如平均值为 3.633V，则输入 3.633V。工作过压保护可设置为 4.200V，工作欠压保护可以设置为 2.500V 	□正确打开电压均衡仪的电源开关 □正确对电压均衡仪进行参数设置 □记录电压均衡仪设置参数
电压均衡仪的 均衡过程	（1）点击"详细信息"选项，显示屏左侧显示电压信息、右侧显示电量信息； 	□记录电压均衡仪显示的信息

续上表

步骤	操作方法及说明	质量标准及记录
电压均衡仪的均衡过程	（2）红色标记代表该顺序号的单体蓄电池正在充电,绿色标记代表该顺序号的单体蓄电池已经完成充电; （3）动力蓄电池模组均衡结束后,先断开电压均衡仪的总开关,再断开分开关; （4）测试完毕后,及时取出蓄电池模组上的连接线,以免电压均衡仪对蓄电池模组进行缓慢放电	□正确使用电压均衡仪

四 评价反馈

评价内容见表1-18。

评价表

表1-18

评分项目	评分标准	分值	得分
学习目标	能明确本任务的知识、技能、素养目标,理解任务在工作中的重要程度	5	
工作任务分析	能清晰描述完成本次工作任务内容	2	
	能清晰描述完成本次工作任务需必备的技能与知识点	2	
有效信息获取	动力蓄电池管理系统	10	
	动力蓄电池均衡	10	
实施方案制订	能清晰地制订并填写本次新能源汽车动力蓄电池模组均衡的作业计划	5	
	能组织或协同工作小组成员,明确本次任务所需仪器设备、工具、材料的准备与清点,并准备记录	5	
	能组织或协同工作小组成员交流,优化检查方案并记录	5	
任务实施	掌握电压均衡仪的接线方式	10	
	掌握电压均衡仪的操作步骤	10	
	利用电压均衡仪完成对动力蓄电池模组的均衡过程	20	
任务评价	能通过本次任务实施,结合自己在实训过程中的表现,进行自我评价及自我反思并记录	3	
职业素养	按规定时间完成项目作业	2	
	遵守实训室管理规定、劳动纪律	2	
	积极参与课堂活动、回答问题	2	
	能够按时出勤	2	

评分项目	评分标准	分值	得分
思政要求	能积极参与小组讨论,发挥团队合作精神;具有较强的安全意识、责任意识;遵守劳动纪律,以积极的态度接受工作任务;学习过程遵循"8S"管理规定	5	
总计		100	

改进建议:

教师签字:

日期: .

📄 任务习题 》》》

1. 单项选择题

(1)以下电池中不作为新能源汽车动力蓄电池的是(　　　)。

    A. 铅酸蓄电池　　　　　　　　　　C. 镍氢蓄电池

    B. 锂离子蓄电池　　　　　　　　　D. 锌银电池

(2)铅酸蓄电池的正极是(　　)。

    A. 铅(Pb)　　　　　　　　　　　　B. 二氧化铅(PbO_2)

    C. 钴酸锂(LCO)　　　　　　　　　D. 镍氧化物

(3)镍氢蓄电池相对锂离子蓄电池的优点在于(　　)。

    A. 额定电压高　　　　　　　　　　B. 能量密度高

    C. 安全性好　　　　　　　　　　　D. 重量轻

(4)(　　)性能比较高,可以快速充电、高功率放电、能量密度高,且循环寿命长,但高温下安全性能差。

    A. 镍氢蓄电池　　　　　　　　　　C. 铅酸蓄电池

    B. 锂离子蓄电池　　　　　　　　　D. 锌银电池

(5)动力蓄电池的能量储存与输出都需要模块来进行管理,即电池管理系统,简称(　　)。

    A. BBC　　　　　B. ABS　　　　　C. BMS　　　　　D. EPS

2. 判断题

(1)电池模组的电压测量应该在充电状态下进行。　　　　　　　　(　　　)

(2)电池模组的内阻越大,说明电池的健康状况越好。　　　　　　　　　　(　　)

(3)电池模组的温度过高会导致电池寿命缩短。　　　　　　　　　　　(　　)

(4)电池模组的平衡性可以通过单体蓄电池的电压差异来判断。　　　　(　　)

(5)电池模组的容量测试可以通过放电时间来确定。　　　　　　　　　(　　)

3. 多项选择题

(1)动力蓄电池主要由(　　)组成。

　　A. 蓄电池组　　　　B. 托盘　　　　　　C. 密封盖

　　D. 冷却管道　　　　E. 隔热棉

(2)纯电动汽车常见的动力蓄电池有(　　)。

　　A. 磷酸铁锂蓄电池　　　　　　　　B. 三元锂蓄电池

　　C. 干电池　　　　　　　　　　　　D. 镍氢蓄电池

(3)蓄电池的SOC与其(　　)有关。

　　A. 充放电历史　　　B. 充放电电流　　　C. 包装形式

　　D. 品牌　　　　　　E. 电压

(4)蓄电池的自放电率和(　　)有关。

　　A. 蓄电池数量　　　B. 电压　　　　　　C. 电流

　　D. 时间　　　　　　E. 环境温度

(5)蓄电池不一致性是指同一规格、同一型号蓄电池在(　　)等参数方面存在差别。

　　A. 电压　　　　　　B. 内阻　　　　　　C. 容量

　　D. 循环寿命　　　　E. 体积

4. 实操练习题

一款2017款比亚迪e5行驶过程中出现SOC跳变,经检查发现2017款比亚迪e5动力蓄电池1号、13号单体蓄电池电压过低,电压为2.8V,请利用电压均衡仪对比亚迪e5动力蓄电池进行均衡,使动力蓄电池各单体蓄电池电压达到相应的标准。

学习任务二

新能源汽车电力驱动系统检查与更换

学习目标 >>>

1. 知识目标

(1)掌握电力驱动系统的结构及工作原理。

(2)掌握电力驱动系统的检测方法及技术规范。

(3)掌握电力驱动系统冷却系统工作原理。

2. 技能目标

(1)能够区分电力驱动系统的类型。

(2)能够对电力驱动系统进行检测。

(3)能够安全规范完成冷却液的更换。

3. 素养目标

(1)树立坚持问题导向的意识,培养独立分析与解决专业问题的能力。

(2)培养严谨细致的工作习惯和爱岗敬业的职业素养,弘扬劳动精神、奋斗精神和奉献精神。

(3)培养质量意识、安全意识,养成垃圾分类处理、废弃物循环利用的环保意识。

参考学时 >>>

72 学时。

任务描述 >>>

一辆新能源汽车进厂维修,客户反映汽车上电后无法行驶,经车间主管或班组长确认故障后,需要对电力驱动系统进行检查与更换。

学习活动 1　新能源汽车驱动电机检查

一　明确任务

根据任务描述,某新能源汽车上电后无法行驶,经检测,需要对驱动电机外观和连接线束进行检查与更换,使其恢复正常使用性能。

二　工作准备与计划制订

(一)知识准备

驱动电机是电动汽车中用于驱动车辆行驶的核心部件,将电能转化为机械能驱动车轮转动,实现车辆行驶。

按照结构、工作原理及常用电源性质的不同,电动汽车驱动电机可分为直流电机、交流异步电机、_____和_____等。交流异步电机、开关磁阻电机、各种永磁同步电机在电动汽车领域应用较多。

1.直流电机结构及工作原理

1)直流电机的分类

(1)按功用可以分为_____和_____。

(2)按有无电刷可以分为_____和_____。

2)直流电机的结构

直流电机由定子和转子两大部分组成。直流电机运行时静止不动的部分称为定子,主要作用是产生磁场,由机座(外壳)、主磁极、换向极、电刷装置、轴承和端盖等组成。运行时转动的部分称为转子,主要作用是产生_____和_____,是直流电机进行能量转换的枢纽,所以通常又称为电枢,由转轴、_____、电枢绕组、换向器和风扇等组成。

(1)机座。机座用来固定主磁极、电刷架和端盖等部件,起支撑、保护作用,与主磁极铁芯、磁轭、电枢铁芯一起构成电机的磁路,磁通通过整个磁路的情形如图2-1所示。机座用铸铁、铸钢或钢板制成。

(2)主磁极。主磁极的作用是产生气隙磁场。主磁极由主磁极铁芯和励磁绕组两部分组成。励磁绕组用绝缘铜线绕制而成、套在主磁极铁芯上。整个主磁极用螺钉固定在机座上。

(3)励磁绕组。定子励磁绕组相对比较简单,线圈直接绕到磁极上,两个磁极的线圈串联起来即组成励磁绕组。

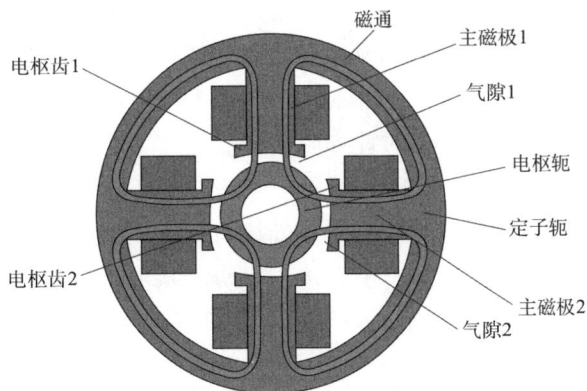

图 2-1　直流电机磁通

（4）电刷装置。电刷装置用来引入或引出直流电压和直流电流,由电架、刷握、_____、_____等组成。

（5）电枢铁芯。电枢铁芯的作用有两个:一个是作为_____,另一个是嵌放电枢绕组。

（6）电枢绕组。电枢绕组由许多按一定规律连接的线圈组成。它是直流电机的主要电路部分,也是通过电流和_____实现机电能量转换的关键性部件,如图 2-2 所示。

（7）换向器。换向器实现外电路电流与电枢绕组中_____之间的相互变换,如图 2-3 所示。

图 2-2　电枢绕组

图 2-3　换向器

3）直流电机的特点

（1）有优良的调速特性,调速范围宽广、调速平滑、方便。

（2）过载能力大,能承受频繁冲击负载,能设计成与负载机械相适应的各种机械特性。

（3）能实现快速起动、制动和逆向运转。

（4）能适应生产过程电气自动化所需要的各种特殊运行要求。

4）直流电机的工作原理

如图 2-4 所示,电流从电刷 A 和换向片 1 流入,经线圈 ab 和 cd 边后,从换向片 2 和电刷 B 流出。根据电磁力定律,有效边 ab 和 cd 将受到电磁力的作用,由左手定则可知,有效边 ab 受到向左的力,有效边 cd 受到向右的力,所以整个线圈按_____方向旋转。

当线圈转过 180°时,此时电流将从电刷 A 和换向片 2 流入,经线圈的 dc 和 ba 边后,从换向片 1 和电刷 B 流出。同样根据_____,有效边 dc 受到向左的力,有效边受到向右的力,线圈会继续保持逆时针方向旋转。

2. 交流异步电机结构及工作原理

三相交流异步电机(也称作三相异步电动机)的种类很多,但各类三相交流异步电机的基本结构是相同的,它们都由定子和转子这两大基本部分组成。在定子和转子之间具有一定的气隙,此外,还有端盖、轴承、接线盒等其他附件,如图 2-5 所示。

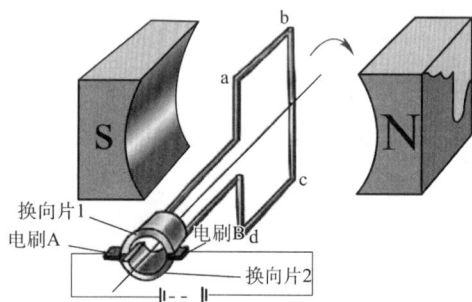

图 2-4　直流电机工作原理图

图 2-5　交流异步电机结构

1)交流异步电机的定子

定子是用来产生_____的,由定子铁芯和_____等部分组成。

(1)定子铁芯。交流异步电机的_____是电机磁路的一部分。

(2)定子绕组。定子绕组是三相异步电机的电路部分。三相异步电机有三相绕组,通入三相对称交流电流时就会产生_____。三相绕组的两种连接方法电路图和实际接线图如图 2-6 所示。

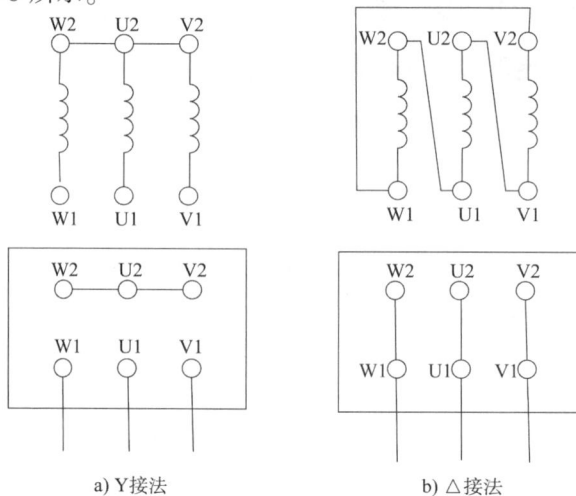

a) Y接法　　　　b) △接法

图 2-6　定子绕组的两种接线图

2）交流异步电机的转子

交流异步电机的转子分为_____与笼型两种,对应的电机分别称为绕线转子异步电机与_____,后者简称为笼型异步电机。

（1）绕线转子异步电机转子。绕线转子异步电机的转子用0.5mm厚的硅钢片叠压而成,套在转轴上,作用和定子铁芯相同,一方面作为电机磁路的一部分,另一方面用来安放转子绕组。

（2）笼型异步电机转子。在转子铁芯的每一个槽中插入一根铜条,在铜条两端各用一个铜环(称为端环)把导条连接起来,称为铜排转子,也可用浇铸的方法把转子导条和端环、风扇叶片用铝液一次浇铸而成,称为铸铝转子,其结构如图2-7所示。

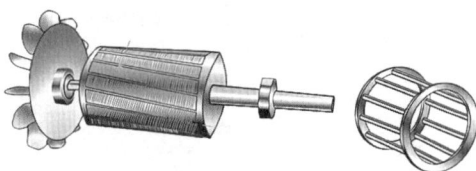

图2-7 笼型异步电机转子结构

3）交流异步电机的外壳

外壳是三相异步电机机械结构的重要组成部分,它由_____、端盖、轴承盖、接线盒和风扇罩等组成。

4）交流异步电机的工作原理

当电机的三相定子绕组通入三相对称交流电后,将产生一个旋转磁场,该旋转磁场切割转子绕组,从而在转子绕组中产生感应电流 i,载流的转子导体在定子旋转磁场作用下将产生_____,从而在电机转轴上形成电磁转矩,驱动电机转子旋转,并且旋转方向与定子旋转磁场方向相同,感应电机的名称由此而来。交流异步电机工作原理如图2-8所示。

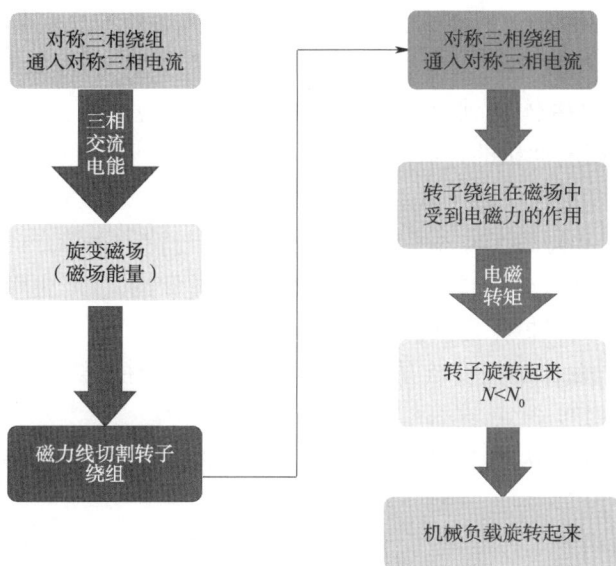

图2-8 交流异步电机工作原理

5）交流异步电机的特点

（1）成本低、转矩大，急加速性能好，特别是空转阻力很小。

（2）能量效率略低，调速范围窄，同等性能条件下，体积与质量大于永磁同步电机。

3. 永磁同步电机结构及工作原理

1）永磁同步电机的结构

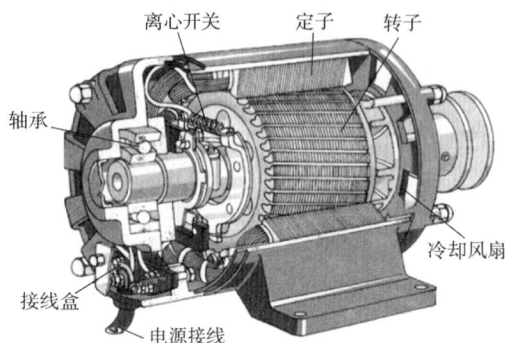

图 2-9　交流异步电机结构

永磁同步电机主要是由_____、端盖及_____等部件组成的，其结构如图 2-9 所示。

永磁同步电机最大的特点是：它的定子结构和普通的异步电机的结构非常相似，而和常用的异步电机相比最大的不同则是其转子的独特结构，它的转子上放有高性能的_____。

（1）定子。永磁同步电机定子绕组的主要电气参数和绕组形式与三相异步电机的定子绕组一样，通入交流电源即产生_____。

（2）转子。永磁同步电机转子采用_____作磁极。在旋转磁场的作用下，转子跟随旋转磁场同步旋转，旋转磁场的转速与电源频率呈固定的关系。

2）永磁同步电机的分类

根据在转子铁芯上安放永磁体的位置不同，永磁同步电机通常被分为内嵌式、表面式和镶嵌式三大类。

（1）内嵌式。永磁体位于_____内部，永磁体外表面与定子铁芯内圆之间有铁磁物质制成的极靴，极靴中可以放置铸铝笼或铜条笼，起阻尼或起动作用，稳态性能好。内嵌式转子的永磁体受到极靴的保护，其转子磁路结构的不对称性所产生的_____有助于提高电动机的过载能力和功率密度，而且易于"弱磁"扩速。在功率较大的电机中用得较多的是在转子铁芯内部嵌入永磁体的内埋式永磁转子（或称为内置式永磁转子、内嵌式永磁转子），根据永磁体磁化方向与转子旋转方向的关系分为径向式、切向式、混合式三种。内嵌式同步电机有较高的磁显性，可产生额外的磁阻转矩分量，保持高速运行时的机械稳定性。

（2）表面式。永磁体磁极安装在转子铁芯圆周表面上的转子，称为表面凸出式永磁转子或表面式永磁转子。

（3）镶嵌式。永磁体磁极嵌装在转子铁芯表面的转子，称为表面嵌入式永磁转子或镶嵌式永磁转子。

3）永磁同步电机的工作原理

永磁同步电机的基本工作原理是：磁通总是沿磁阻最小的路径闭合，利用磁引力拉动转子旋转，于是永磁转子跟随定子产生的旋转磁场_____旋转，故称之为同步电机。对称三相定子绕组通入三相交流电产生旋转磁场,永磁转子在定子旋转磁场的磁力拖动下转动且达到同步转速。永磁同步电机工作原理如图 2-10 所示。

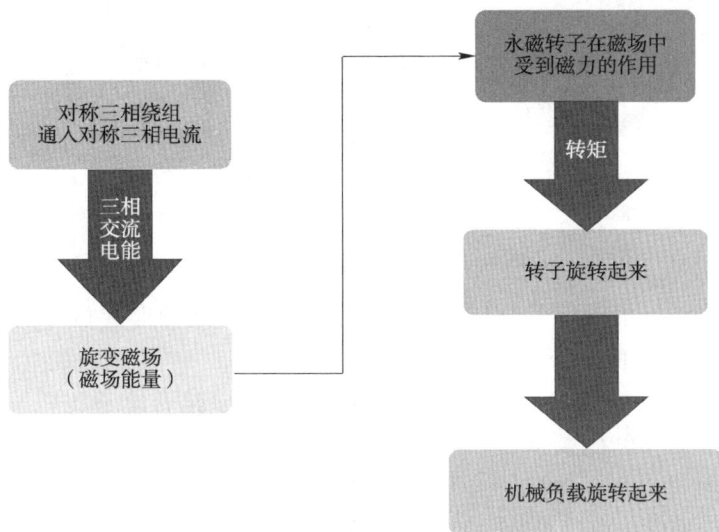

图 2-10 永磁同步电机工作原理

4)永磁同步电机的特点

(1)质量小、体积小,可显著提升车辆的动力性与续驶能力。

(2)电机发热小,因此电机冷却系统结构简单、噪声小。

(3)空转阻力大,且有反向电压。

(4)永磁材料在高温下可能产生退磁现象。

(5)成本较高。

4. 开关磁阻电机结构及工作原理

开关磁阻电机结构简单坚固,调速范围_____,调速性能优异,且在整个调速范围内都具有较高效率,系统可靠性高。

开关磁阻电机采用_____、转子双凸极结构,单边励磁,即仅定子凸极采用集中绕组励磁,而转子凸极上既无绕组也无永磁体,定子、转子均由硅钢片叠压而成;定子绕组径向相对的极串联构成一相。其总成解剖图如图 2-11 所示。

1)开关磁阻电机的结构

(1)定子铁芯。开关磁阻电机的定子铁芯通常有 6 到 12 偶数个齿极,由导磁良好的硅钢片冲制后叠成,以 6/4 极双凸极开关磁阻电机为例,其定子铁芯有 6 个齿极,结构如图 2-12 所示。

(2)转子。开关磁阻电机的转子铁芯通常有 4 到 8 偶数个齿极,由导磁良好的

图 2-11 开关磁阻电机总成解剖图

硅钢片冲制后叠成,如 6/4 极双凸极开关磁阻电机,其转子铁芯有 4 个齿极。

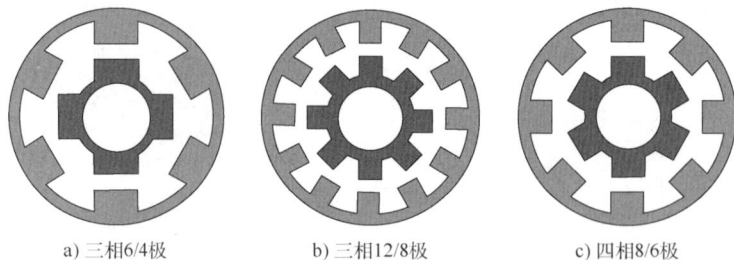

a) 三相6/4极 b) 三相12/8极 c) 四相8/6极

图 2-12　开关磁阻电机的常见形式

（3）定子绕组。由于定子与转子都有凸起的齿极,这种形式也称为双凸极结构。在定子齿极上绕有线圈(定子绕组),是向电机提供_____的励磁绕组。把径向相对的两个绕组串联成一个磁极,称为一相,该电机有三相。结合定子与转子的极数,称该电机为_____6/4 结构。

（4）转子由_____和_____组成,转子上既没有绕组也没有永磁体。转子铁芯为凸极结构,为磁场提供磁路。一般相数和极数增多,有利于减小转矩脉动,提高电机低速运行的平稳性,但会导致结构复杂、功率开关元件增多、成本增高。目前应用较多的是三相6/4 极、12/8 极和四相8/6 极的开关磁阻电机。

2）开关磁阻电机的工作原理

开关磁阻电机的线圈电流通断、磁通状态直接受开关控制,它的运行遵循_____,即:磁通总是沿最短路径闭合,转子凸极轴线总趋向与定子产生磁通轴线对齐。当定子某相绕组通电励磁时,产生的磁场磁力线由于扭曲而引起切向磁拉力,以使相近转子凸极轴线旋转到与定子的电励磁轴线相对齐的位置,其"对齐"趋势使磁阻电机产生特有的有效电磁磁阻转矩。

3）开关磁阻电机的特点

开关磁阻电机结构和控制简单、转矩大、可靠性高、成本低、起动制动性能好、运行效率高;功率变换器电路简单;可以在宽广的速度和负载范围内运行;起动电流小、起动转矩大;容错能力强,在断相情况下仍能可靠运行。

由于电磁转矩脉动较大,振动与噪声较严重,功率开关元件关断时电机定子绕组端部及开关器件上产生较高的电压尖峰。产生振动与噪声的主要原因是当定子各相绕组依序轮流通电时,电机产生的合成转矩具有明显的脉动,另外,齿极所受径向磁拉力的变化,引起了定子铁芯的变形和振动。

5. 新能源汽车用驱动电机的特点

电动汽车用驱动电机通常工作在频繁_____、加速/减速等工况,低速或爬坡时要求_____、低转速,而高速行驶时则要求低转矩、_____,并要求变速范围大。因此,驱动电机应具有良好的转矩-转速特性。电动汽车对驱动电机转速与转矩的要求如图 2-13 所示。

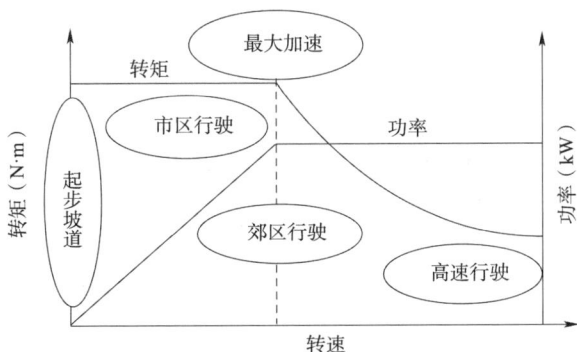

图 2-13　新能源汽车对驱动电机转速与转矩的要求

驱动电机应经常保持在高效率范围内运转,在恒转矩区运转范围内效率应在 75% ~ 85% 之间,在恒功率区运转范围内效率应在 80% ~ 90% 之间。为适应电动汽车各种行驶工况的负载特性匹配要求,驱动电机应满足以下条件:

(1)起动转矩大且过载能力强。在运行时要满足带负载起步要求,同时,在车辆起动和加速时,应有较强的短时过载能力。

(2)峰值电流应小于动力蓄电池最大允许放电电流。

(3)调速范围宽。当电机有较宽的调速范围时,高、低速各工况均能高效运行,并保持理想调速特性。

(4)调速响应快。提高电机的动态响应性可改善行驶中可控制性能,使车辆操作更加顺畅,行驶更加稳定。

(5)可靠性高。

6. 新能源汽车用驱动电机的主要参数

(1)额定电压 U(V):电机在_____时,电机定子绕组应输入的线电压值。

(2)额定电流 I(A):电机在额定电压下,电机轴上输出机械功率为额定功率时,电机定子绕组通过的_____。

(3)额定转速(r/min):电机在额定电压下,电机输出轴上输出机械功率为额定功率时,电机的_____。

(4)额定功率 P(kW):电机在额定状态运行时,输出的_____。

(5)峰值功率 P_m(kW):电机在额定转速运行时,电机轴上输出的最大机械功率,峰值功率为额定功率的 2 ~ 3 倍。

(6)效率 n:电机_____与输入机械功率的电功率之比,一般用百分数表示。

(7)绝缘等级:电机绕组所用的绝缘材料在使用时容许的极限温度分级。

(二)工作方案制订

1. 任务分工

学生任务分配见表 2-1。

学生任务分配表   表 2-1

班级		组号		指导老师	
组长		任务分工			
组员 1		任务分工			
组员 2		任务分工			
组员 3		任务分工			
组员 4		任务分工			
组员 5		任务分工			
组员 6		任务分工			

2. 工量具、仪器设备与耗材准备

(1)使用的工量具有：_____。

(2)使用的仪器设备有：_____。

3. 具体方案描述

_____

_____

_____

_____

_____。

三 ⚡ 计划实施

(一)安全注意事项及技能要点

1. 安全注意事项

(1)在车辆起动时,请做好相关防护工作。

(2)在进行驱动电机检查时,请做好相应的高压安全防护措施。

(3)进行驱动电机检查前,需进行高压下电。

(4)在进行高压下电操作后,请妥善保管钥匙及维修开关。

(5)应按照教师的指导,开展计划实施。

(6)高压电动车辆脱离教师监控时必须全车落锁,驶离举升工位并由教师妥善保管钥匙。

(7)车辆举升前,确保举升臂处于锁止状态。

(8)绝不擅自对高压电部件进行任何拆装、调整。

2. 技能要点

(1)新能源汽车高压下电流程。

（2）驱动电机铭牌参数的含义。

（3）驱动电机外观的检查项目。

（4）驱动电机线束的检查项目。

（5）驱动电机线束的检查标准。

（二）驱动电机外观及连接线束基本检查任务实施

1.驱动电机基本参数查询

驱动电机基本参数查询操作方法及说明见表2-2。

驱动电机基本参数查询操作方法及说明　　　　　表2-2

步骤	操作方法及说明	质量标准及记录
执行高压下电	拉好警戒带,检查灭火器,放置安全标识 	□正确设置隔离栏 □正确放置安全警示牌 □正确检查灭火器
	确认车辆基本情况 	□铺设防护四件套
	检查绝缘手套,安全帽及护目镜 	□正确检查绝缘手套耐压等级 □正确检查绝缘手套气密性 □正确检查护目镜

步骤	操作方法及说明	质量标准及记录
执行高压下电	安装车内防护四件套 	□铺设车内防护四件套
	进入车内,确认挂挡杆处于 P 挡位 	□车辆处于关闭状态 □车辆钥匙妥善保管
	拉好驻车制动器,关闭启动按钮,并妥善保管好车辆钥匙 	□车辆处于 P 挡位
	断开辅助蓄电池负极,并缠上胶布 	□正确断开辅助蓄电池负极 □辅助蓄电池负极缠上胶布

续上表

步骤	操作方法及说明	质量标准及记录
执行高压下电	断开维修开关,并妥善保管好维修开关 	□正确断开维修开关 □将维修开关放置在工具箱内,并锁好工具箱
	等待1min后,使用万用表测量直流充电口高压端子,系统电压应处于无电状态 	□确认车辆处于无电状态,并记录高压下电后电压
查询驱动电机基本参数	使用举升机,保证车辆平稳上升,并处于合适位置 	□车辆平稳上升,并落锁
	检查驱动电机铭牌的外观情况,并记录驱动电机铭牌上的基本信息 	□检查驱动电机铭牌的外观情况,并记录检查情况 □记录驱动电机铭牌的基本参数、类型、型号、冷却形式、最大功率、最大转速、工作电压、绝缘等级、防护等级

2.驱动电机外观检查

驱动电机外观检查的操作方法及说明见表2-3。

驱动电机外观检查的操作方法及说明   表2-3

步骤	操作方法及说明	质量标准及记录
检查驱动电机各连接部件紧固情况	检查驱动电机与左悬置总成连接情况	□记录驱动电机与左悬置总成连接检查情况,连接情况为_____
	检查驱动电机与右悬置总成连接情况	□记录驱动电机与右悬置总成连接情况,连接情况为_____
	检查驱动电机与温控接插件连接情况	□记录驱动电机与温控接插件连接情况,连接情况为_____

步骤	操作方法及说明	质量标准及记录
检查驱动电机各连接部件紧固情况	检查驱动电机与旋变接插件连接情况 	□记录驱动电机与旋变接插件连接情况,连接情况为＿＿＿＿＿＿＿＿＿ ＿＿＿＿＿＿＿＿＿＿＿＿
外观目视检查	检查驱动电机各零部件是否完整 	□驱动电机各零部件齐全
	检查驱动电机高压标识情况 	□记录驱动电机高压标识检查情况,检查情况为＿＿ ＿＿＿＿＿＿＿＿＿＿＿＿ ＿＿＿＿＿＿＿＿＿＿＿＿
	检查驱动电机外观情况 	□记录驱动电机外观检查情况,检查情况为＿＿＿＿＿ ＿＿＿＿＿＿＿＿＿＿＿＿ ＿＿＿＿＿＿＿＿＿＿＿＿

3. 驱动电机连接线束检查

驱动电机连接线束检查的操作方法及说明见表2-4。

驱动电机连接线束检查的操作方法及说明   表2-4

步骤	操作方法及说明	质量标准及记录
检查驱动电机低压线束连接情况	检查驱动电机温控接插件线束连接情况 	□记录驱动电机温控接插件线束连接情况,连接情况为_____ _____
	检查驱动电机旋变接插件线束连接情况 	□记录驱动电机旋变接插件线束连接情况,连接情况为_____ _____
	检查驱动电机冷却液温度传感器连接情况 	□记录驱动电机冷却液温度传感器连接情况,连接情况为_____ _____
	降下车辆,检查电机控制器插头连接情况 	□记录电机控制器插头检查情况,检查况为_____ _____ _____

步骤	操作方法及说明	质量标准及记录
检查驱动电机高压线束连接情况	检查驱动电机 U 相高压电缆与电机控制器连接情况 	□记录驱动电机 U 相高压电缆与电机控制器连接情况,连接情况为＿＿＿＿＿＿＿＿＿＿＿＿＿＿＿＿＿＿＿＿
	检查驱动电机 V 相高压电缆与电机控制器连接情况 	□记录驱动电机 V 相高压电缆与电机控制器连接情况,连接情况为＿＿＿＿＿＿＿＿＿＿＿＿＿＿＿＿＿＿＿＿
	检查驱动电机 W 相高压电缆与电机控制器连接情况 	□记录驱动电机 W 相高压电缆与电机控制器连接情况,连接情况为＿＿＿＿＿＿＿＿＿＿＿＿＿＿＿＿＿＿＿＿

步骤	操作方法及说明	质量标准及记录
检查驱动电机高压线束连接情况	升车,检查驱动电机 U 相高压电缆与驱动电机连接情况 	□记录驱动电机 U 相高压电缆与驱动电机连接情况,连接情况为_____ _____ _____
	检查驱动电机 V 相高压电缆与驱动电机连接情况 	□记录驱动电机 V 相高压电缆与驱动电机连接情况,连接情况为_____ _____ _____
	检查驱动电机 W 相高压电缆与驱动电机连接情况 	□记录驱动电机 W 相高压电缆与驱动电机连接情况,连接情况为_____ _____ _____
	场地"8S"管理 	□工量具归位 □清理场地

四 评价反馈

评价内容见表2-5。

评价表 表2-5

评分项目	评分标准	分值	得分
学习目标	能明确本任务的知识、技能、素养目标,理解任务在工作中的重要程度	5	
工作任务分析	能清晰描述完成本次工作任务内容	2	
	能清晰描述完成本次工作任务需必备的技能与知识点	2	
有效信息获取	直流电机结构及工作原理	5	
	交流异步电机结构及工作原理	5	
	永磁同步电机结构及工作原理	5	
	开关磁阻电机结构及工作原理	5	
	新能源汽车用驱动电机的特点	5	
	新能源汽车用驱动电机的主要参数	5	
实施方案制订	能清晰地制订并填写本次新能源汽车驱动电机基本检查的准备作业计划	5	
	能组织或协同工作小组成员,明确本次任务所需仪器设备、工具、材料的准备与清点,并准备记录	5	
	能组织或协同工作小组成员交流,优化检查方案并记录	5	
任务实施	执行高压下电	5	
	查询驱动电机基本参数	5	
	检查驱动电机各连接部件紧固情况	5	
	驱动电机外观目视检查	5	
	检查驱动电机低压线束连接情况	5	
	检查驱动电机高压线束连接情况	5	
任务评价	能通过本次任务实施,结合自己在实训过程中的表现,进行自我评价及自我反思并记录	3	
职业素养	按规定时间完成项目作业	2	
	遵守实训室管理规定、劳动纪律	2	
	积极参与课堂活动、回答问题	2	
	能够按时出勤	2	

评分项目	评分标准	分值	得分
思政要求	能积极参与小组讨论,发挥团队合作精神;具有较强的安全意识、责任意识;遵守劳动纪律,以积极的态度接受工作任务;学习过程遵循"8S"管理规定	5	
总计		100	

改进建议:

教师签字:

日期:

学习活动 2　驱动电机冷却系统的检查与更换

一 明确任务

根据任务描述,某新能源汽车上电后无法行驶,经检测,需要对冷却系统进行检查与更换,使其恢复正常使用性能。

二 工作准备与计划制订

(一)相关知识准备

1.冷却系统的作用

新能源(电动)汽车的驱动电机在将电能转换为机械能的过程中,铁损、铜损、磁滞和涡流将部分电能转换成热能,电机在高速旋转过程中会产生大量的摩擦,使驱动电机产生大量的热,导致定子、转子的温度急剧升高。

驱动电机控制器的主要发热部件是输出极的功率绝缘栅型双极场效应晶体管

MOSFET 器件,晶体管在工作时会产生导通损耗、关断损耗、通态损耗、截止损耗和驱动损耗,使电机控制器产生大量的热。

因此,驱动电机和驱动电机控制器必须通过外壳和周围介质不断将热量散发出,以保证驱动电机和驱动电机控制器的正常运行和使用寿命。

电机温度控制:

当控制器监测到驱动电机温度在_____时,冷却风扇低速起动;

当温度大于_____时,冷却风扇高速起动;

温度降至40℃时冷却风扇停止工作;

温度在 120℃～140℃时,降功率运行;

温度大于140℃时,降功率至0,即停机。

驱动电机控制器温度控制:

当控制器监测到散热基板温度大于75℃时,冷却风扇低速起动;

当控制器监测到散热基板温度大于80℃时,冷却风扇高速起动;

当控制器监测到散热基板温度降至75℃时,冷却风扇停止工作;

当控制器监测到散热基板温度大于_____时,超温保护,即停机;

当控制器监测到散热基板温度在_____时,降功率运行。

2. 驱动电机的散热类型

按照冷却介质的不同,驱动电机的主要冷却方式有_____、_____和_____,不同类型的冷却原理和特点见表2-6。

不同类型的冷却原理与特点　　　　　　　　　　　　表 2-6

冷却方式	原理	特点
自然冷却式	热量会从电机内部传导到外部壳体,通过自然对流的方式将外部壳体热量散发到周围环境中。电机壳体通常会设计散热片或散热筋以增大散热面积,加强散热效果	优点:结构简单,无须额外的辅助设备。 缺点:散热效果相对较差,适用于功率较小的电机和低温工况
风冷式	通过风扇或风道将冷却空气直接吹向驱动电机,加速散热。风冷系统通常包括风扇、散热片和风道等组件。风扇会产生气流,将周围空气吸入,并通过散热片或散热壳来散发热量	优点:散热效果较好,电机冷却成本较低,适用于中等功率和温度的电机。 缺点:体积和噪声相对较大,依赖于外界空气的流动速度和温度来实现冷却效果,在高温、粉尘、污垢和恶劣的天气下无法使用风冷
水冷式	冷却液通过冷却管路流过电机,吸收热量后再通过散热器散热,使热量从电机传导到外部	优点:散热效果较好,冷却均匀性更好、噪声小、不容易过热,适用于高功率和高温工况,且体积较小。 缺点:需要额外的冷却设备和管路,增加了系统结构复杂度,存在渗漏隐患

3.驱动电机冷却系统组成及工作原理

1)驱动电机冷却系统组成

驱动电机冷却系统主要由_____、_____、_____、_____、_____、
_____、各种管路等组成,如图2-14所示。

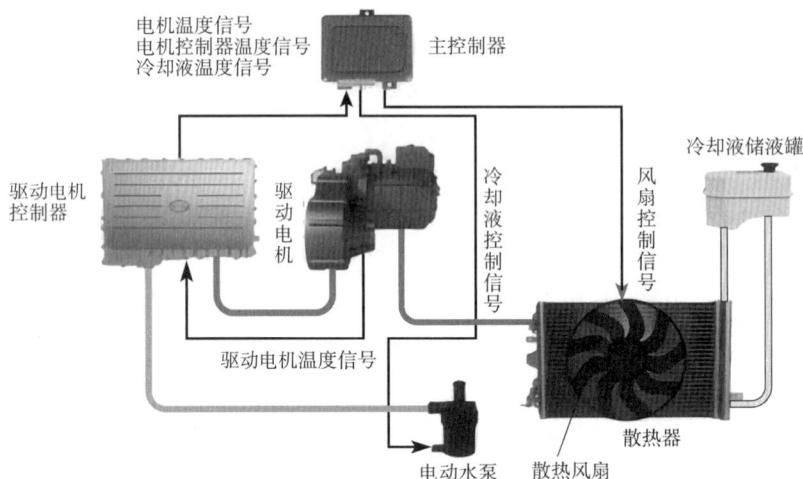

图2-14　驱动电机冷却系统

(1)电动水泵。

电动水泵如图2-15所示,通过_____驱动,为冷却液提供压力并促使冷却液在
系统中循环流动。电动水泵通常采用_____,并通过机械装置使水泵内部的隔膜来
回运动,以压缩和拉伸固定容积泵腔内的空气。在止回阀的作用下,排水口处形成__
_____,抽水口处形成_____,从而产生与外界大气压的压力差。在此压力差的作
用下,将冷却液压入进水口,并从排水口排出。靠电机传递的动能,冷却液持续吸入和
排出,形成稳定的流量。为避免水泵损坏,禁止在没有冷却液的情况下空载运行,以防
止转子和定子磨损。

(2)冷却液膨胀罐。

冷却液膨胀罐(图2-16)是一个透明塑料罐,主要作用是储存冷却液,并在冷却系
统中起到控制压力、提高冷却液沸点和提供冷却液加注口作用。

图2-15　电动水泵　　　　　图2-16　冷却液膨胀罐

冷却液膨胀罐通过冷却液管路与_____相连接,冷却液受热升温后会膨胀,部分冷却液因膨胀从散热器流回膨胀罐,冷却液降温后会收缩回循环冷却系统中。冷却液不足时,冷却液膨胀罐中的冷却液会及时补充到循环系统中,使冷却系统中冷却液液面保持在合适的高度,以保证冷却效率。

(3)冷却液软管。

冷却液软管广泛应用于汽车的_____及_____的连接,但是极易腐蚀,所以软管的使用检查判断很重要。

冷却液软管如图 2-17 所示,内外胶为_____,中间层由织物增强,耐温等级是 I 级

图 2-17 冷却液软管

(12.5℃),爆破压力达到_____。冷却管路端口有安装定位标识,装配时注意标识与散热器上的定位标识对齐。

冷却液软管与各组件通常使用卡箍来固定,常用不锈钢卡箍有双钢丝卡箍、美式卡箍、德式卡箍、弹簧卡箍等。各种卡箍的特点见表 2-7。

各种卡箍的特点 表 2-7

名称	图片	特点
双钢丝卡箍		双钢丝卡箍是用两根钢丝环绕成环状的卡箍。其优点是使用方便,锁紧力强,密封性能好,价格经济,缺点是受力面积只有钢丝接触到的表面,拧紧后时间长了容易割破胶管
美式卡箍		为避免双钢丝割破胶管,出现了穿孔型蜗轮蜗杆卡箍,俗称美式卡箍。美式卡箍增加了受力面积,从根本上避免了箍带割破胶管的弊端。其缺点是拧紧后卡箍的孔可能无法固定胶管,胶管有可能从孔中挤出,对胶管表面仍会造成一定的损坏;优点是可以做到较小的规格
德式卡箍		为了使卡箍箍带能对胶管起到更好的保护作用,不破坏胶管表面,出现了齿型蜗轮蜗杆卡箍,俗称德式卡箍。这种卡箍的箍带不带穿孔,而且边缘翻卷,连接时不会对胶管造成任何损坏

名称	图片	特点
弹簧卡箍		在常温条件下箍紧后,在高温环境下弹性钢带被展开;在低温时,弹性钢带的能量释放,再次箍紧胶管。这种弹性卡箍的优点是能对胶管起到很好的保护作用,不会破坏胶管表面,是目前乘用车冷却系统管路使用最为广泛的一种卡箍,其缺点是箍紧力有限,无法达到很大的箍紧力,生产工艺要求较高

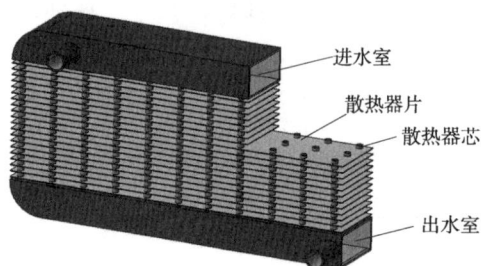

图 2-18　散热器结构图

（4）散热器。

散热器的主要作用是将热水自上而下或横向的分成许多小股并将其热量散发给周围的空气,它是由_____、_____、_____ 及 _____ 等构成,如图 2-18 所示。

散热器芯内部由许多细小的冷却管和散热片构成,按结构的不同可分为_____、_____和_____,如图 2-19 所示。冷却管大多采用扁圆形截面,以减小空气阻力并增加传热面积。

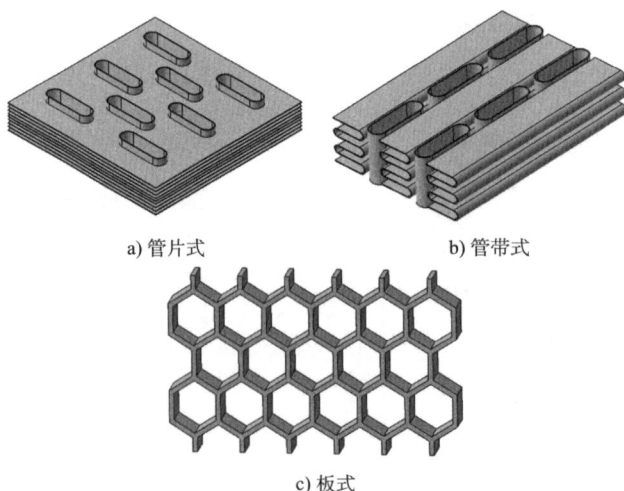

a) 管片式　　　b) 管带式

c) 板式

图 2-19　不同结构的散热芯

进水室的作用是让冷却液进入散热器,以便在散热器芯内流动。

出水室的作用是让冷却液从散热器中流出,以便继续在系统中循环。

散热器是利用_____作为载热体,通过大面积的散热片以对流的方式散热。因此,散热器是一个热交换器。

(5)冷却风扇。

目前大部分车型采用双风扇结构,如图 2-20 所示,通常安装在＿＿＿＿＿＿＿＿＿＿。有高速、低速两个挡位,由整车控制器利用冷却风扇低速和高速两个继电器控制。在高速模式中,由＿＿＿＿＿＿利用冷却风扇高速继电器直接控制风扇运动。在低速控制电路中,采用串联调节电阻的方式改变风扇转速。

冷却风扇的运转,增加散热器空气流动速度,起到加大散热器热交换效率,加快系统冷却速度的重要作用,如图 2-21 所示。

图 2-20　双风扇型冷却风扇　　　　图 2-21　冷却风扇散热示意图

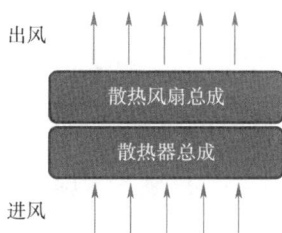

2)驱动电机冷却系统工作原理

驱动电机冷却系统主要依靠电动冷却液泵带动冷却液在冷却管道中循环流动,通过散热器的热交换等物理过程,使冷却液带走驱动电机与驱动电机控制器产生的热量。

(1)温度监测。当驱动电机开始工作时,＿＿＿＿＿＿＿＿会实时监测驱动电机、驱动电机控制器和冷却液的温度,并向控制系统发送信号。

(2)控制启动。控制系统接收到温度传感器的信号后,计算温度是否超过设定温度,如果温度超过,主控制器会发出信号启动＿＿＿＿＿＿＿＿和＿＿＿＿＿＿＿＿。水泵开始工作,使冷却液从散热器进入驱动电机控制器再到驱动电机最后回到散热器,形成循环流动。同时,风扇也开始运转,增加空气流动,加速冷却液的散热。

(3)冷却循环。冷却液在循环过程中吸收＿＿＿＿＿＿＿＿、＿＿＿＿＿＿＿＿产生的热量,并通过流动带走热量。冷却液在散热器中与空气进行热交换,使得冷却液的温度下降。然后,冷却液再次被水泵引入驱动电机控制器、驱动电机,形成闭环循环。这样循环往复,不断将驱动电机控制器和驱动电机的热量带走,保持电机的温度在安全范围内。

(4)温度控制。控制系统会根据温度传感器的信号,不断调整水泵和风扇的工作状态。当电机的温度降低到设定的安全范围内,控制系统会停止水泵和风扇的工作,直到温度再次上升到安全范围外。

4.冷却液的组成与分类

冷却液又称防冻液、抗冻液,通常为红色或绿色,以便观察是否泄漏,是由水、防冻剂、添加剂三部分组成,具有防冻、防沸、防腐、防垢等特性。按防冻剂的不同,冷却液可分酒精型、甘油型和乙二醇型。三种类型的冷却液的主要特点见表2-8。

三种类型的冷却液的主要特点 　　　　表2-8

冷却液类型	优点	缺点	备注
酒精型冷却液	(1)价格便宜； (2)流动性强； (3)配置工艺简单	(1)沸点低,易蒸发损失； (2)冰点易升高； (3)存在一定的易燃风险	现在已被一些新型的冷却液取代
甘油型冷却液	(1)沸点高； (2)挥发性小,不易着火； (3)毒性低； (4)腐蚀性小	(1)降低冰点效果不高； (2)成本高	仅有少数北欧国家使用
乙二醇型冷却液	(1)沸点高； (2)泡沫倾向低； (3)粘温性能良好； (4)防腐防垢； (5)易溶于水,可以配制成任意冰点的冷却液,最低冰点达到-68℃	—	较为理想的冷却液

5.冷却液的检查

冷却液的检查主要包括外观检查和理化检查两个部分。外观检查主要检查冷却液的_____、_____、_____、_____等信息。理化检查主要检查_____、_____等。冷却液在长期使用过程中会与空气接触,发生氧化。若使用时间过长、使用不当,造成冷却液被污染、产生锈水,会导致冷却液变质,性能下降。因此,需要定期检查、更换冷却液。

1)外观检查

(1)检查冷却液液位。

检查冷却液液位,确保冷却液液位在最低刻度线以上,最高刻度线以下。

(2)检查冷却液的颜色。

正常情况下,冷却液应该是红色、绿色或者略带黄色。如果冷却液变成了棕色,则表示冷却液可能已经污染或者老化,需要进行更换。

(3)检查冷却液的浑浊度。

通过查看冷却液是否澄清、透明来判断冷却液的浑浊度。如果发现冷却液有很多悬浮物或者沉淀物,则表明冷却液已经污染,需要对设备进行检查并更换冷却液。

(4)检查冷却液的气味。

冷却液本身具有淡淡的乙二醇味道,如果检查过程中,发现冷却液具有酸臭味,则表明冷却液已经污染,需要进行更换。

2）理化检查

（1）冷却液冰点检查。

冷却液冰点是指冷却液开始结晶的最高温度，可以使用_____进行检测。冰点测试仪如图 2-22 所示。如果冷却液冰点高于汽车维修手册规定值时需要更换，以保证冷却系统在低温环境下能够正常工作。

（2）冷却液 pH 值检查。

pH 值是冷却液重要指标，冷却液为_____，在特定的 pH 酸碱度下防冻液才能对金属起到较好的防腐蚀效果。检查冷却液 pH 值时可以使用 pH 试制进行检测，如图 2-23 所示。

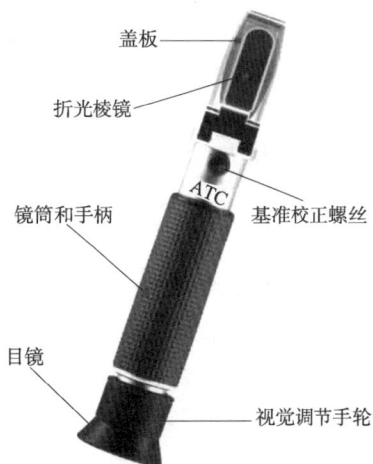

图 2-22　冰点测试仪

图 2-23　pH 试纸

6. 冷却液加注及保养

冷却液保养依据整车保养里程进行，一般建议每两年更换一次。检查冷却液液位时，需确保整车处于冷车状态，液位应位于膨胀水箱上"MIN"刻度与"MAX"刻度之间最合适。

冷却液加注流程如图 2-24 所示，手工加注时由于存在驱动电机和控制器中冷却液无法彻底排除的问题，因此实际冷却液的加注量可能低于标准值。

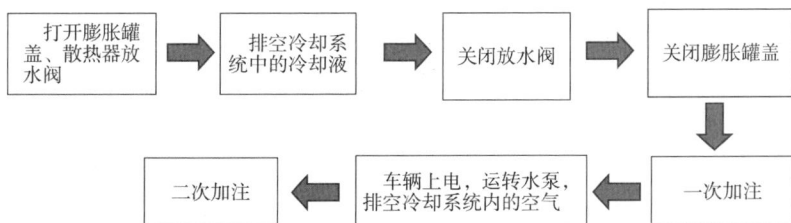

图 2-24　冷却液加注流程图

7. 冷却系统常见故障

1）冷却液缺少

故障原因：未按保养手册添加冷却液。

解决方法:按照维修手册要求在膨胀罐处添加冷却液。

2)冷却液泄漏

故障原因:①环箍破坏,水管接口处冷却液泄漏;②水管破损,水管本身冷却液泄漏;③散热器芯体破坏,芯体处渗漏冷却液;④散热器水室开裂,水室外侧泄漏冷却液;⑤散热器水室与芯体压装不良,接缝处渗漏;⑥散热器放水堵塞未拧紧,放水孔处渗漏。

解决方法:更换全新零部件,留存故障件。

3)电动水泵故障

故障原因:①冷却液杂质,导致电动水泵堵转;②电动水泵破损,泵盖/密封圈/泵轮破坏;③整车线束故障,虚接/短路/断路等故障。

解决方法:①更换系统冷却液;②更换电动水泵,留存故障件;③查找线束故障,依据线束维修手册处理。

4)散热器风扇故障

故障原因:①风扇控制器/继电器/插接件针脚退针;②整车线束故障,虚接/短路/断路等故障;③扇叶破损/断裂,扇叶不工作;④驱动电机/控制器温度传感器故障,风扇不工作。

解决方法:①维修或更换退针脚的插头或插座;②查找线束故障,依据线束维修手册处理;③更换扇叶,留存故障件;④查找驱动电机/控制器故障,依据维修手册处理。

(二)工作方案制订

1.任务分工

学生任务分配见表2-9。

学生任务分配表   表2-9

班级		组号		指导老师	
组长		任务分工			
组员1		任务分工			
组员2		任务分工			
组员3		任务分工			
组员4		任务分工			
组员5		任务分工			
组员6		任务分工			

2.工量具、仪器设备与耗材准备

(1)使用的工量具有:_____。

（2）使用的仪器设备有：_____。

（3）使用的耗材有：_____。

3. 具体方案描述

_____
_____
_____
_____
_____。

三 计划实施

（一）安全注意事项及技能要点

1. 安全注意事项

（1）使用举升机前，确认举升机操作机构的灵敏性和有效性，以及液压系统的状态，确保没有爬行现象。

（2）检查举升机，车辆在工位停放可靠平稳，铺好车内和车外防护套。

（3）在进行举升车辆时，确保四个支脚的接触面在同一平面，并适当调整支脚胶垫的高度，使之与车辆的底盘支撑部位紧密接触。

（4）举升车辆时，确保车辆平稳上升或下降，一旦发生故障或伤害事件，应立即停止举升操作，并采取适当的应急措施。

（5）因电动水泵位于车身下部，附近有高压线缆，所以拆卸电动水泵之前必须严格按照规范对车辆进行高压下电。

（6）在进行冷却液检查时，因冷却液为化学物质，需佩戴酸解手套，做好个人防护。

（7）在使用冰点测试仪前，应先对冰点测试仪校零。

（8）在进行电动水泵检查时，双手勿触碰万用表表笔金属部分。

（9）能够规范使用车辆防护、绝缘防护、隔离警示等设备。

（10）工作中及完成任务后，应遵守实训场地"8S"要求。

2. 技能要点

（1）冷却系统部件的检查与更换的操作方法。

（2）冷却液的检查与更换的操作方法。

（二）冷却系统部件的检查与更换

比亚迪E5冷却水泵更换　驱动电机冷却液冰点测试　冷却液的更换

1. 冷却系统部件的检查与更换

冷却系统部件的检查与更换见表2-10。

冷却系统部件的检查与更换的操作方法及说明　　　　　　　表 2-10

步骤	操作方法及说明	质量标准及记录
执行高压下电	设置隔离栏,检查灭火器,放置安全标识 	□正确设置隔离栏 □正确放置安全警示牌 □正确检查灭火器
	确认车辆基本情况 	□铺设防护四件套
	检查绝缘手套,安全帽及护目镜 	□正确检查绝缘手套耐压等级 □正确检查绝缘手套气密性 □正确检查护目镜
	拉好驻车制动器,关闭启动按钮,并妥善保管好车辆钥匙 	□车辆处于关闭状态 □车辆钥匙妥善保管

步骤	操作方法及说明	质量标准及记录
执行高压下电	断开辅助蓄电池负极,并缠上胶布 	□正确断开辅助蓄电池负极 □辅助蓄电池负极缠上胶布
	断开维修开关,并妥善保管好维修开关 	□正确断开维修开关 □将维修开关放置在工具箱内,并锁好工具箱
	等待1min后,使用万用表测量直流充电口高压端子,系统电压应处于无电状态 	□确认车辆处于无电状态,并记录高压下电后电压,电压为_____
电动水泵的拆卸	用手触摸,确认电机及冷却液储液罐已冷却 	□确认电机已冷却 □确认冷却液储液罐已冷却

步骤	操作方法及说明	质量标准及记录
电动水泵的拆卸	缓慢打开冷却液储液罐盖,释放冷却系统压力,并取下储液罐盖 	□储液罐盖已取下 □冷却系统压力已释放
	举升车辆 	□举升机平稳上升 □车辆安全落锁
	拧下散热器放水阀,排尽冷却液 	□排放冷却液时,冷却液成滴束状排放,无喷射情况 □冷却液已排尽 □地面无冷却液滴落
	安装散热器放水阀 	□散热器放水阀已拧紧,无松脱

步骤	操作方法及说明	质量标准及记录
电动水泵的拆卸	拆下电动水泵低压线束插头 	□低压线束插头已拆除 □低压线束插头无损坏 □电动水泵低压线束无损坏
	拆下电动水泵出水管 	□正确使用工具拆卸冷却水管卡箍 □拆卸下的冷却水管无破损
	拆下电动水泵进水管 	□正确使用工具拆卸冷却水管卡箍 □拆卸下的冷却水管无破损
	拆下电动水泵 	□正确选择套筒 □正确使用工具 □完成电动水泵拆卸

续上表

步骤	操作方法及说明	质量标准及记录
电动水泵的检查	检查万用表 	□正确检查万用表
	清洁电动水泵 	□完成电动水泵清洁
	测量电动水泵情况 	□记录电动水泵测量情况 □根据测量结果，正确判断电动水泵情况
电动水泵的安装	安装电动水泵 	□正确选择套筒 □正确使用工具 □完成电动水泵安装

续上表

步骤	操作方法及说明	质量标准及记录
电动水泵的安装	安装电动水泵进水管 	□ 正确使用工具安装冷却水管卡箍 □ 冷却水管无破损
	安装电动水泵出水管 	□ 正确使用工具安装冷却水管卡箍 □ 冷却水管无破损
	降下车辆 	□ 举升机平稳下降
	安装电动水泵低压线束插头 	□ 电动水泵低压线束插头安装到位,无松脱

步骤	操作方法及说明	质量标准及记录
电动水泵的安装	加注冷却液 	□加注冷却液时，执行排气 □冷却液液位在 MAX 和 MIN 刻度之间
	举升车辆 	□举升机平稳上升 □车辆安全落锁
	检查电动水泵冷却水管 	□电动水泵进水管无泄漏 □电动水泵出水管无泄漏
	场地"8S"管理 	□工量具归位 □清理场地

2. 冷却液的检查与更换

冷却液的检查与更换的操作方法及说明见表2-11。

冷却液的检查与更换的操作方法及说明 表2-11

步骤	操作方法及说明	质量标准及记录
执行高压下电	拉好警戒带,检查灭火器,放置安全标识 	□正确设置隔离栏 □正确放置安全警示牌 □正确检查灭火器
	确认车辆基本情况 	□铺设防护四件套
	检查绝缘手套、安全帽及护目镜 	□正确检查绝缘手套耐压等级 □正确检查绝缘手套气密性 □正确检查护目镜
	拉好驻车制动器,关闭启动按钮,并妥善保管好车辆钥匙 	□车辆处于关闭状态 □车辆钥匙妥善保管

步骤	操作方法及说明	质量标准及记录
执行高压下电	断开辅助蓄电池负极,并缠上胶布	□正确断开辅助蓄电池负极 □辅助蓄电池负极缠上胶布
	断开维修开关,并妥善保管好维修开关	□正确断开维修开关 □将维修开关放置在工具箱内,并锁好工具箱
	等待1min后,使用万用表测量直流充电口高压端子,系统电压应处于无电状态	□确认车辆处于无电状态,并记录高压下电后电压
检查冷却液	打开冷却液储液罐盖,检查冷却液的品质	□记录检查冷却液的品质

续上表

步骤	操作方法及说明	质量标准及记录
检查冷却液	清洁冰点测试仪 	□完成冰点测试仪清洁
	取基准液至冰点测试仪,盖上盖板 	□完成取基准液至冰点测试仪
	检查冰点测试仪的基准 	□记录冰点测试仪基准校准情况 □完成冰点测试仪基准校准
	清洁冰点测试仪 	□完成冰点测试仪清洁

步骤	操作方法及说明	质量标准及记录
检查冷却液	取冷却液滴在棱镜上,盖上盖板 	□取冷却液时,需佩戴酸碱手套 □取冷却液时,冷却液未落地
	读取冷却液的冰点 	□记录冷却液的冰点值
更换冷却液	选取冷却液 	□记录冷却液的基本信息
	检查所选取冷却液的品质 	□记录检查冷却液的品质

步骤	操作方法及说明	质量标准及记录
更换冷却液	举升车辆 	□举升机平稳上升 □车辆安全落锁
	拧下散热器放水阀,排尽冷却液 	□排放冷却液时,冷却液成滴束状排放,无喷射情况 □冷却液已排尽 □地面无冷却液滴落
	安装散热器放水阀 	□散热器放水阀已拧紧,无松脱
	降下车辆 	□举升机平稳下降

步骤	操作方法及说明	质量标准及记录
更换冷却液	加注冷却液至上限 	□冷却液已加至"MAX"线附近
	接上负极,安装维修开关,连接诊断仪,车辆上电 	□诊断仪在车辆处于"OFF"挡的时候,进行连接 □负极紧固无松脱 □维修开关安装到位,无松脱 □车辆能够正常上电
	进入诊断仪,选择车型,进入主动测试界面,将电动水泵设置为开启 	□诊断仪车型选择正确 □诊断仪模块选择正确 □电动水泵开启成功
	观察冷却液储液罐排气口中是否有连续的水流喷出 	□记录冷却液储液罐排气口水流喷出情况

续上表

步骤	操作方法及说明	质量标准及记录
更换冷却液	排气完成后,观察冷却液储液罐的液位,若液位低于 MAX 线,则需要进行补液,让冷却液液位接近 MAX 线 	□记录排气完成后,冷却液储液罐的液位情况
	举升车辆 	□举升机平稳上升 □车辆安全落锁
	检查散热器放水阀附近是否有泄漏 	□检查并记录散热器放水阀附近泄漏情况
	场地"8S"管理 	□工量具归位 □清理场地

四 评价反馈

评价内容见表2-12。

评价表 表2-12

评分项目	评分标准	分值	得分
学习目标	能明确本任务的知识、技能、素养目标,理解任务在工作中的重要程度	5	
工作任务分析	能清晰描述完成本次工作任务内容	2	
	能清晰描述完成本次工作任务需必备的技能与知识点	2	
有效信息获取	冷却系统的作用	1	
	驱动电机的散热类型	1	
	驱动电机冷却系统组成及工作原理	2	
	冷却液的组成与分类	1	
	冷却液的检查	2	
	冷却液加注及保养	1	
	冷却系统常见故障	2	
实施方案制订	能清晰地制订并填写本次冷却系统的检查与更换作业计划	3	
	能组织或协同工作小组成员,明确本次任务所需仪器设备、工具、材料的准备与清点,并准备记录	2	
	能组织或协同工作小组成员交流,优化检查方案并记录	5	
任务实施	执行高压下电	3	
	电动水泵的拆卸	10	
	电动水泵的检查	10	
	电动水泵的安装	7	
	执行高压下电	10	
	检查冷却液	5	
	更换冷却液	10	
任务评价	能通过本次任务实施,结合自己在实训过程中的表现,进行自我评价及自我反思并记录	3	
职业素养	按规定时间完成项目作业	2	
	遵守实训室管理规定、劳动纪律	2	
	积极参与课堂活动、回答问题	2	
	能够按时出勤	2	

评分项目	评分标准	分值	得分
思政要求	能积极参与小组讨论,发挥团队合作精神;具有较强的安全意识、责任意识;遵守劳动纪律,以积极的态度接受工作任务;学习过程遵循"8S"管理规定	5	
总计		100	

改进建议:

教师签字:

日期:

学习活动3 新能源汽车驱动电机电器元件检测

一 明确任务

根据任务描述,某新能源汽车上电后无法行驶,经检测,需要对驱动电机电器进行检查与更换,使其恢复正常使用性能。

二 工作准备与计划制订

(一)知识准备

1.位置传感器

驱动电机的控制往往离不开转子的位置信息,在工程中常用位置传感器检测转子的位置信息。位置传感器检测的精度和适应环境的能力直接影响驱动电机控制的各项性能。

1)位置传感器的类型及其特性

位置传感器按照与被测物体的接触方式可分为_____和_____两种。非接触位置传感器有霍尔式、光电式传感器、旋转式等类型,不与_____接触,减少了接触摩擦,使用寿命较长,应用更广泛。

(1)霍尔传感器是一种基于霍尔效应原理的磁场传感器,由霍尔元件、霍尔开关电路、霍尔线性电路以及各种补偿和保护电路以及磁路组件组成。霍尔传感器有开关型和线性型两种。前者输出高低电平(矩形脉冲)的数字量,后者输出模拟量。

(2)光电式传感器是将光信号转换为电信号的一种器件,由_____、_____和_____三部分组成。根据码盘和内部结构的不同可分为_____和_____。增量式码盘上的刻线分布均匀,如图2-25a)所示。绝对式码盘一般采用二进制编码,如图2-25b)所示。绝对式码盘能直接输出数字信号,处理电路简单,噪声容限大,分辨率高,是目前伺服领域应用最广的测量元件,但其不耐冲击,不耐高温,易受发射干扰,对环境要求较高,不能应用于复杂环境下。

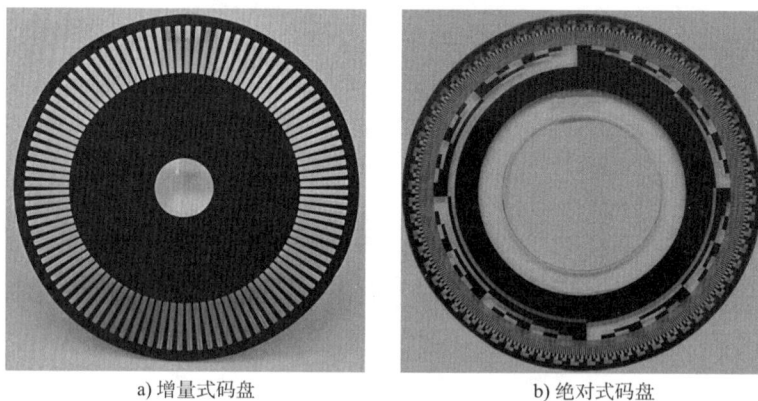

a) 增量式码盘　　　　　　　　b) 绝对式码盘

图 2-25　增量式和绝对式光电编码盘

(3)旋变传感器又称为_____,是电机控制中常用的一种_____元件传感器,主要由_____和_____组成,如图2-26所示。具有结构坚固、耐冲击、耐油污、寿命长、受干扰较小、响应速度快、能应用于高温高速运行场合等优点,输出信号为调制的模拟信号,微处理器需要将模拟信号经过解码处理成数字信号接收,旋转变压器解码框图,如图2-27所示。

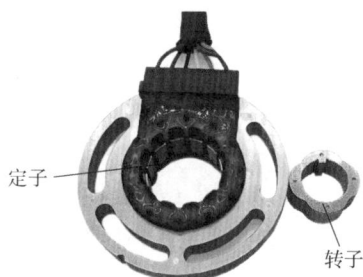

定子
转子

图 2-26　旋变传感器

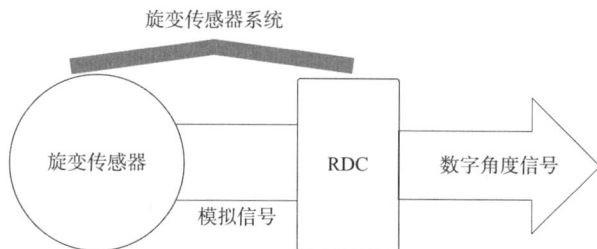

旋变传感器系统

旋变传感器　　模拟信号　　RDC　　数字角度信号

图 2-27　旋转变压器解码框图

旋变传感器按照输出电压与转子转角的函数关系可分为三种:一种是正余弦旋变传感器,其次级绕组输出的电压与转子的转角成_____函数关系;第二种是线型旋

变传感器,其次级绕组输出的电压与转子转角成_____关系;第三种是比例式旋变
传感器,其次级绕组输出的电压与转子成_____关系。

2)旋变传感器结构及工作原理

正余弦旋变传感器因精度较高、抗干扰能力强、结构简单、可靠性高、占用空间尺
寸极小,在电动汽车驱动电机上使用较多,其三个绕组安置在定子槽内,对外共有6条
引线,励磁绕组通过一根铜线_____交替缠绕逐个磁极,正弦绕组和余弦绕组在缠
绕的励磁绕组基础上分别通过一根铜线间隔一个磁极_____交替缠绕磁极,在空间
布置上,两者相位差为_____。它利用磁阻原理精准测量电机转子位置、转速及旋
转方向,实现电信号之间的变换,并将这些信号反馈给_____用于准确地控制电机
的速度。磁阻式旋变传感器结构如图 2-28 所示,正弦绕组和余弦绕组的接线示意
图 2-29 所示。

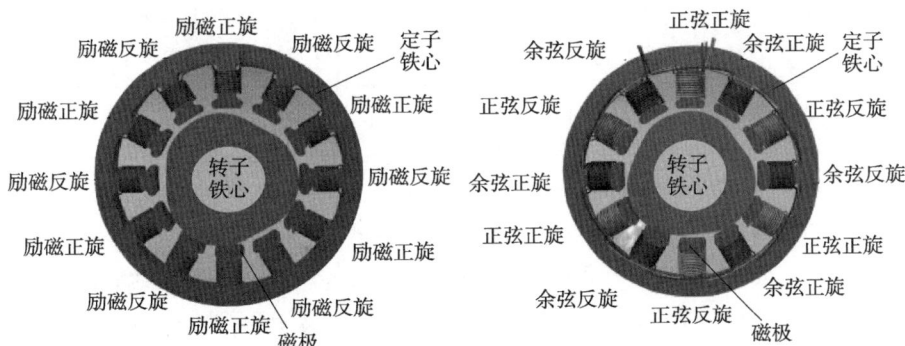

图 2-28 磁阻式旋变传感器结构图

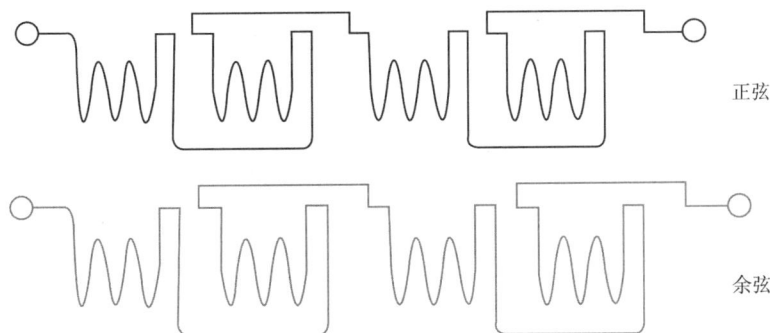

图 2-29 正弦绕组和余弦绕组的接线示意图

旋变传感器采用可变磁阻变压器的原理,与变压器原理(图 2-30)类似。当一次绕
组输入一定频率的励磁正弦交流电信号时,图 2-31a)所示为励磁电压波形,铁芯中会
产生穿过二次绕组交变磁通,根据电磁感应原理,闭合的二次绕组在变化的磁场中会
产生与一次绕组频率_____的感应电动势,感应电动势波形如图 2-31b)所示。变压
器采用闭磁路设计,通常认为其磁阻和漏磁率为 0,一次线圈和二次线圈的电压比为
_____。

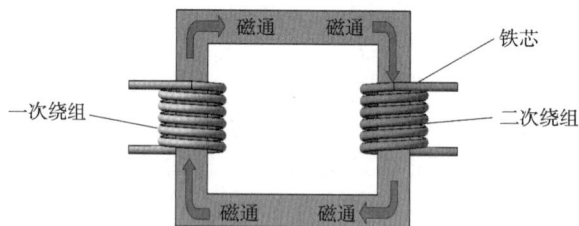

图 2-30　变压器原理示意图

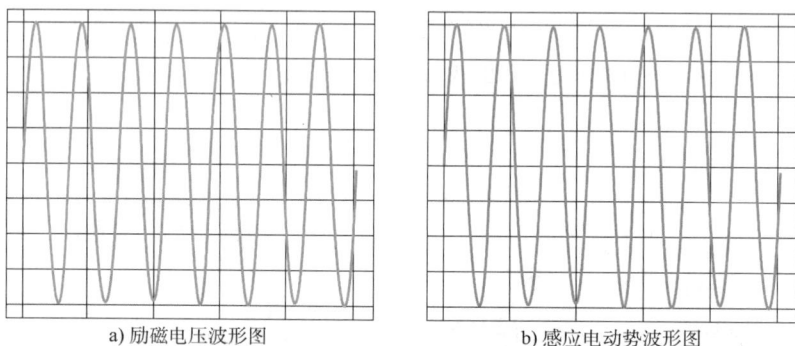

a) 励磁电压波形图　　　　　　　b) 感应电动势波形图

图 2-31　变压器励磁信号与输出信号关系

　　如果变压器的两个磁路之间有一个间隙,如图 2-32 所示,磁阻会随间隙的增大而增大,当一次绕组输入的励磁正弦交流电信号不变,二次绕组产生的感应电动势幅值会随间隙的增大而_____,频率与励磁信号系统相同,如图 2-33 所示。

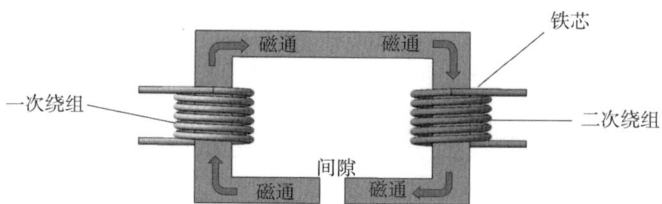

图 2-32　变压器磁路存在间隙示意图

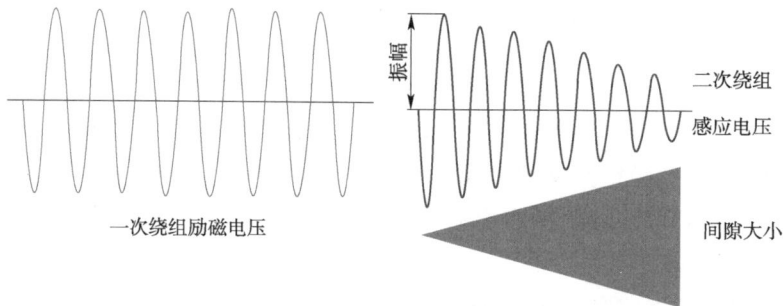

图 2-33　二次绕组产生的感应电动势波形图

旋变传感器一次绕组的正弦交流信号由_____发出,定子与转子铁芯构成磁路,由于转子铁芯并非圆形,而是经过特殊设计的,使得气隙磁场近似于_____,如图 2-34 所示。因此,在转子铁芯旋转过程中,相互垂直的正弦、余弦绕组与转子铁芯的间隙大小产生周期性的变化,根据互感定律,_____、余弦绕组中产生频率和相同,幅值呈周期性变化的正弦、余弦曲线的感应电动势,如图 2-35 所示。旋变传感器的正弦信号、余弦信号会送入旋变硬件解码 RDC 转换器进行解码,该转换器集成在_____内部,经过对正弦、余弦信号的相位的计算可以确定电机转子的_____,经过对正弦、余弦信号幅值的计算可以确定电机转子的_____,经过对正弦、余弦信号的变化频率的计算可以确定电机转子的_____,从而控制 IGBT 的导通与关闭来控制电机的运行。

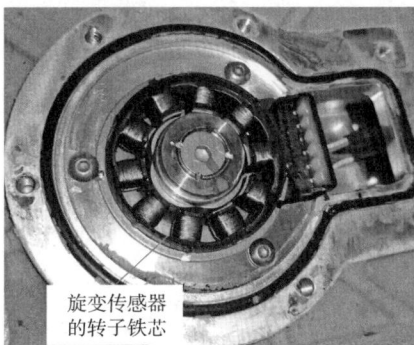

图 2-34　驱动电机旋变传感器转子铁芯

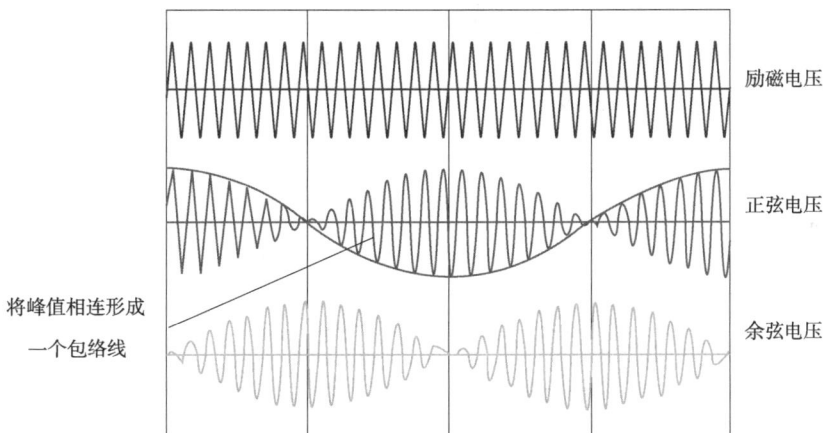

图 2-35　旋变传感器励磁信号与输出信号关系

3)旋转变压器检测电机转子位置

当转子处于正上方位置静止时,转子与正弦绕组(−S)最近,正弦绕组产生相位相反的正弦波感应电动势且幅值_____,但余弦绕组与转子最远,所以无_____输出,如图 2-36 所示。

当转子顺时针旋转时,如图 2-37 所示,转子离开正上方位置后,正弦绕组(−S)与转子铁芯的间隙逐渐变大,余弦绕组(+C)与转子铁芯的间隙逐渐变小,因此,其正弦感应电动势_____,而余弦绕组的感应电动势则_____,余弦绕组相位与正弦绕组的相位_____,与励磁绕组的相位_____。若旋转变压器的转子继续旋转到正对余弦绕组的磁极时,即图 2-37 中转子顺转 45°,此时正弦绕组不产生感应电动势,但余弦绕组产生的感应电动势幅值最大。

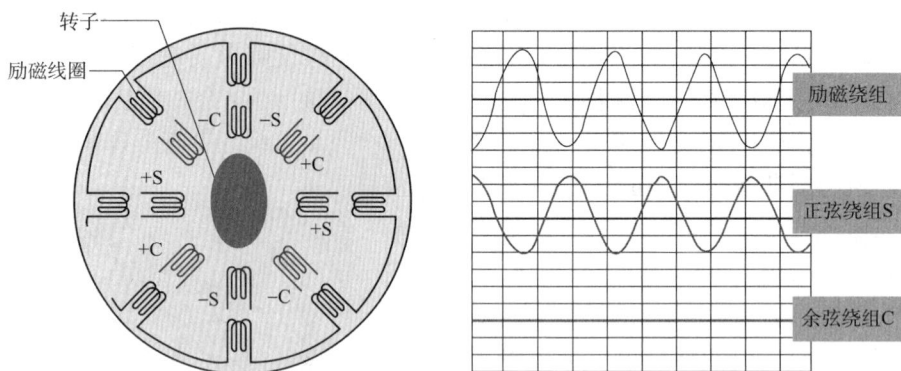

图 2-36　转子处于正上方位置静止感应电压及电压信号波形

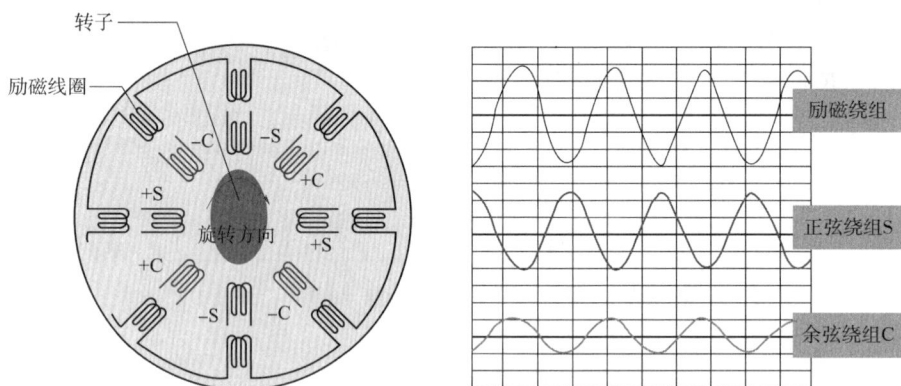

图 2-37　转子顺时针旋转时感应电压及电压信号波形

当转子逆时针旋转时,如图 2-38 所示,转子铁芯与正弦绕组(－S)的间隙_____,余弦绕组(－C)与转子铁芯的间隙逐渐变小,此时正弦感应电动势_____,而余弦感应电动势_____,相位与励磁绕组和顺转时余弦感应电动势_____,故可以借此来检测转子的旋转方向。

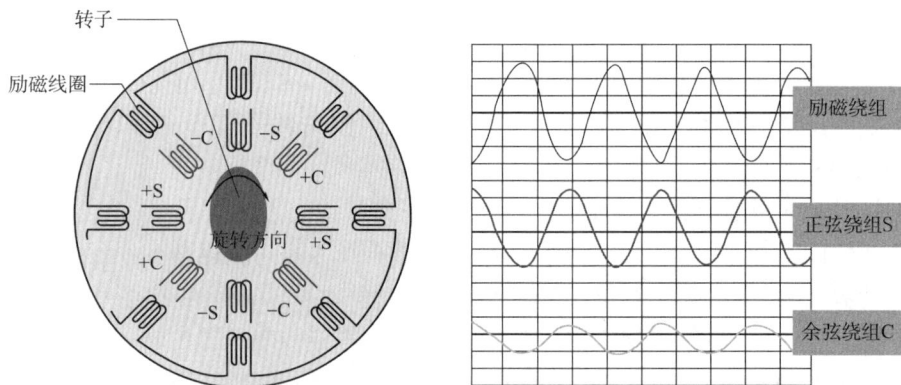

图 2-38　转子逆时针旋转时感应电压及电压信号波形

经变频器的门控驱动电路可控制驱动电机转速的高低,也就可调节车速的快慢。这种用电机调速的方式十分快捷,比传统汽车变速器改变转速的方式要简单、方便得多,从而带来更好的驾驶体验和车辆性能。

4)旋变传感器的检修方法

旋变传感器的故障检测可以分为_____和_____。

静态检测旋变传感器的方法包括使用万用表或者电阻测量仪检测旋变内部_____、_____、_____的阻值是否在厂家规定的标准范围内。同时,还需检查三个绕组与_____之间的线路连接是否正常,是否存在_____、_____等问题。

动态检测则需要使用_____等工具进行测量。主要检测车辆旋变三个绕组输出的正弦波形是否正常,波形是否有明显的畸变。此外,还需检测幅值变化是否在正常范围内,即旋变的输出信号是否在合理的幅度范围内波动。最后,还需检测旋变输出信号的频率是否符合标准,即是否与预设的频率一致。

2. 驱动电机温度传感器

1)驱动电机温度传感器功用

温度传感器是指能感受温度并转换成可输出的信号的传感器。通过温度传感器的精确测量和及时反馈,汽车热管理系统可以根据温度的变化采取加热、保温、散热等方式,保证不同的零部件在规定的温度范围内进行工作,以保障汽车的功能、安全和使用寿命。

2)温度传感器的分类及特性

根据使用材料及电子元件特性不同,可分为_____和_____。两者优缺点见表2-13。

热敏电阻和热电偶温度传感器优缺点   表2-13

类型	优点	缺点
热敏电阻温度传感器	温度的精度较高,通常能够提供较为准确的温度测量结果; 稳定性较好,其测量结果不易受到环境和时间的影响; 热敏电阻的温度-电阻关系较为线性,便于进行温度的转换和处理	响应时间相对较长,不能实时感知温度的变化。适用范围相对热电偶较窄
热电偶温度传感器	响应速度较快,可以实时感知温度的变化; 适用温度范围广泛,包括极高温和极低温; 耐高温性能好; 结构相对简单,易于安装和使用	相比热敏电阻,电偶的温度测量精度要相对较低,热电偶的温度-电动势关系为非线性,需要进行温度补偿和线性化处理

热电偶测温的基本原理是将两种具有差异性的导体或者半导体组成闭合回路形成热电偶结构,当两个金属导线的连接点之间存在温度差异时,回路中就会有电流通

过,出现热电动势,即两端之间就存在电压,此效应被称为_____。热电动势的强度与_____成正比,通过测量热电动势可以确定温度。

热敏电阻通常是半导体或者导体,其_____和_____之间存在线性关系。热电阻传感器根据测量的阻值便可以计算出被测物体的实际温度。

3)驱动电机温升原理

驱动电机绕组在运行过程中绕组_____和铁芯的铁耗是主要的发热源。

铜线绕组有电阻,电流流过会消耗一定的热功率,这部分损耗称为铜耗。绕组间电流越大,其损耗越大,温升越高,即表明电机在大负荷绕组铜耗较大,温度上升较快。

铁耗主要由磁滞损耗、涡流损耗和附加损耗组成。绕组磁场变化频率越大,磁滞损耗、涡流损耗、附加损耗越大,即电机转速越高,绕组铁芯损耗越大。

4)温度传感器的功用和工作原理

驱动电机主要的发热源为_____,通常温度传感器会埋设于定子绕组中,数量为2~3个,分别是U相温度传感器、V相温度传感器、W相温度传感器。检测驱动电机定子绕组的温度信号反馈给_____(MCU),必要时电机控制器会限制电机的最大输出功率,并设置诊断故障码(DTC),在汽车仪表板上显示警告灯,以保护驱动电机,避免过热导致永磁体出现磁退情况、电机漆包线绝缘失效,出现短路、电机烧坏等情况。

吉利帝豪EV300/450驱动电机定子绕组温度的检测是采用2个规格为10kΩ的SEMITEC103NT-4型号的NTC负温度系数传感器,即在25℃时,正常电阻值为10kΩ,热敏电阻的阻值随着温度升高而_____,随着温度降低而_____。

-40℃:正常电阻阻值约为(241 ± 20)kΩ;

25℃:正常电阻阻值约为(10 ± 0.3)kΩ;

85℃:正常电阻阻值约为(1.6 ± 0.1)kΩ。

当控制器监测到驱动电机温度传感器显示120℃≤温度<140℃时,降功率运行;温度≥140℃时,降功率至0,即停机。

当控制器监测到散热基板温度≥85℃时,超温保护,即停机。当控制器监测到散热基板温度为85℃≥温度≥75℃时,降功运行。

驱动电机上的温度传感器有两个,其安装位置如图2-39所示。一个是用于检测驱动电机冷却液温度的_____。另一个是用于检测驱动电机定子绕组温度的_____。

冷却液温度传感器由壳体、热敏电阻、引线等构成,如图2-40所示。它将检测到的温度信号送给主控制器,以便主控制器控制_____和_____的工作,进而控制冷却液温度。

温度传感器将检测到的驱动电机温度送给驱动电机控制器,驱动电机控制器根据收到的温度信号控制输出的_____以保护驱动电机。

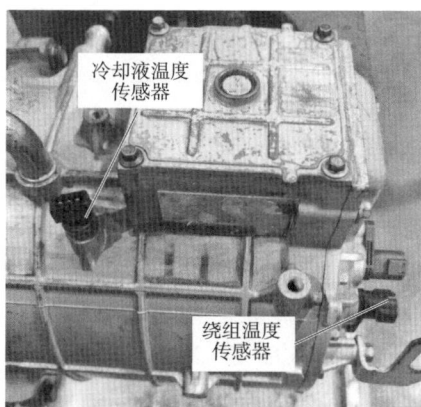

图 2-39　驱动电机上的温度传感器

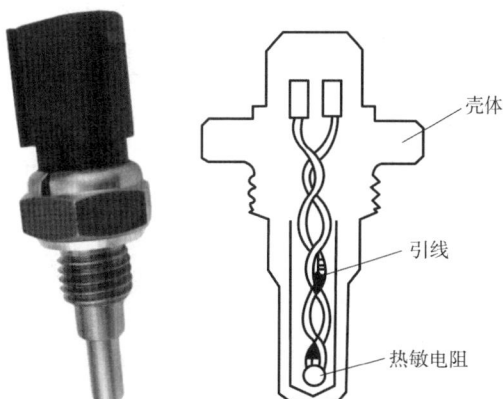

图 2-40　冷却液温度传感器结构图

5）温度传感器的检修方法

（1）温度传感器外观检查。

检查温度传感器外壳是否有明显的物理损坏或腐蚀现象，密封圈、防护罩等是否完好，针脚是否变形，并进行必要的维护和更换。

（2）温度传感器电阻值测量。

温度传感器电阻值测量包括使用万用表或者电阻测量仪检测_____是否在标准值范围内。同时还需检查温度传感器与监测设备之间的连接是否良好，是否存在松动、短路、断路等问题。

（3）驱动电机定子绕组对温度传感器的绝缘电阻。

由于大部分驱动电机绕组内部埋置有温度传感器，因此检测时应分别测量_____与温度传感器之间的绝缘电阻。驱动电机绕组对温度传感器的冷态绝缘电阻应大于20MΩ。当绕组的中性点连在一起而不易分开时，则测量所有连在一起的绕组对温度传感器的绝缘电阻，即分别测量_____、_____、_____与温度传感器的绝缘电阻，确保绝缘电阻值符合规定的标准要求。

注意，测量结束后，需要使用放电装置对驱动电机三相绕组进行_____，以避免残留电荷造成的安全风险。

（二）工作方案制订

1. 任务分工

学生任务分配见表2-14。

学生任务分配表　　　　　　　　　　　　　　　　表2-14

班级		组号		指导老师	
组长		任务分工			
组员1		任务分工			

班级		组号		指导老师	
组员2		任务分工			
组员3		任务分工			
组员4		任务分工			
组员5		任务分工			
组员6		任务分工			

2. 工量具、仪器设备与耗材准备

(1)使用的工量具有：_____。

(2)使用的仪器设备有：_____。

3. 具体方案描述

_____

_____

_____

_____

_____。

三 计划实施

(一)安全注意事项及技能要点

1. 安全注意事项

(1)学生必须在专业教师的指导下，在授权的范围内进行操作。

(2)妥善保管好钥匙，避免作业时车辆误启动。

(3)学生应充分了解其职责范围，绝不擅自对高压电部件进行任何拆装、调整。

(4)在进行检测前，必须检查各个检测设备以及所需器材是否完好。

(5)检查举升机，车辆在工位停放周正，铺好车内和车外防护套。

(6)任务实施前，需要做好场地防护准备，检查实训场地和设备设施是否存在安全隐患，如果发现不正常的地方，应及时报告老师，进行处理后，方可实施任务。

(7)任务实施前，需要在车辆周围围上隔离带，并摆上"注意安全"提示牌。

(8)工作中及完成任务后，应遵守实训场地"8S"要求。

(9)在进行故障诊断排除时，需进行高压断电。

(10)在进行操作作业前，请断开维修开关，并妥善保管。

2. 技能要点

(1)维修手册的查阅方法。

（2）驱动电机旋变传感器的检测方法。

（3）驱动电机温度传感器检测方法。

（二）新能源汽车驱动电机电器元件检测

驱动电机旋变传感器
及温度传感器的检测

1. 驱动电机旋变传感器检测的操作方法及说明

驱动电机旋变传感器检测的操作方法及说明见表 2-15。

驱动电机旋变传感器检测的操作方法及说明　　　　　　表 2-15

步骤	操作方法及说明	质量标准及记录
维修手册的查阅	（1）查阅电路图，查找旋变传感器电路图页码； （2）画出旋变传感器电路图； （3）确认旋变传感器端子所属接插件位置； （4）确认励磁绕组，正弦绕组及余弦绕组针脚号	□记录电路原理图中旋变传感器页码 □正确画出旋变传感器线路简图 □记录旋变传感器端子属接插件 □记录旋变传感器端子属接插件位置 □记录励磁绕组针脚号和线色 □记录正弦绕组针脚号和线色 □记录余弦绕组针脚号和线色
作业前准备工作	布置作业前现场环境 确认台架基本情况 	□正确设置隔离栏 □正确放置安全警示牌 □正确检查灭火器 □台架稳固

续上表

步骤	操作方法及说明	质量标准及记录
作业前准备工作	检查防护用具 	□ 正确检查绝缘手套 □ 正确检查护目镜
	检查仪表工具 	□ 正确检查万用表及绝缘测试仪
	测量绝缘地垫绝缘电阻 	□ 记录绝缘地垫的绝缘电阻实测值和标准值 □ 正确判断绝缘地垫绝缘情况
检测驱动电机旋变传感器	找到旋变传感器端子所属接插件位置 	□ 正确找到旋变传感器端子所属接插件位置

续上表

步骤	操作方法及说明	质量标准及记录
检测驱动电机旋变传感器	找到励磁绕组针脚位置 	□正确找到励磁绕组针脚位置
	测量励磁绕组电阻值 	□记录励磁绕组电阻值的实测值和标准值 □根据测量结果,正确判断励磁绕组情况
	找到正弦绕组针脚位置 	□正确找到正弦绕组针脚位置
	测量正弦绕组针脚位置 	□记录正弦绕组电阻值的实测值和标准值 □根据测量结果,正确判断正弦绕组情况

续上表

步骤	操作方法及说明	质量标准及记录
检测驱动电机旋变传感器	找到余弦绕组针脚位置  	□正确找到余弦绕组针脚位置
	测量余弦绕组针脚位置 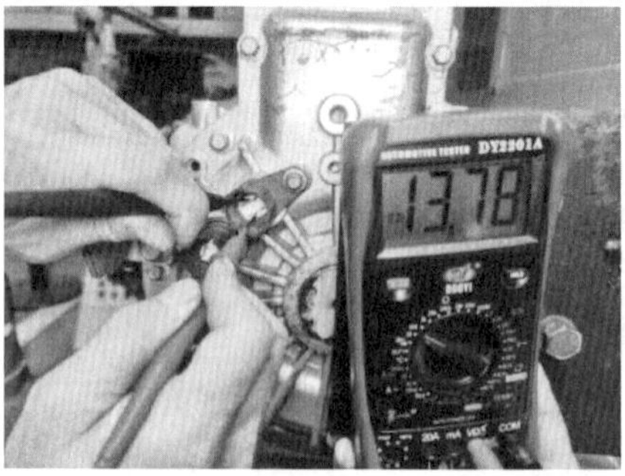 	□记录余弦绕组电阻值和标准值 □比较标准值和测量值,正确判断余弦绕组情况

2. 驱动电机温度传感器检测的操作方法及说明

驱动电机温度传感器检测的操作方法及说明见表2-16。

驱动电机温度传感器检测的操作方法及说明　　　　表2-16

步骤	操作方法及说明	质量标准及记录
维修手册的查阅	(1)查阅电路图,查找温度传感器电路图页码; (2)拆画温度传感器电路图; (3)确认温度传感器端子所属接插件位置; (4)确认温度传感器针脚号	□记录电路原理图中温度传感器页码 □正确画出温度传感器线路简图 □记录温度传感器端子属接插件代号 □记录温度传感器端子属接插件位置 □记录温度传感器脚号和线色

步骤	操作方法及说明	质量标准及记录
作业前准备工作	布置作业前现场环境 	□正确设置隔离栏 □正确放置安全警示牌 □正确检查灭火器
	确认台架基本情况 	□台架稳固
	检查防护用具 	□正确检查绝缘手套 □正确检查护目镜
	检查仪表工具 	□正确检查万用表及绝缘测试仪

步骤	操作方法及说明	质量标准及记录
作业前准备工作	测量绝缘地垫绝缘电阻 	□记录绝缘地垫绝缘电阻 □正确判断绝缘地垫绝缘情况
检测驱动电机温度传感器	找到温度传感器所属接插件位置 	□正确找到温度传感器端子所属接插件位置
	找到温度传感器针脚位置 	□正确找到温度传感器针脚位置
	测量温度传感器电阻值 	□记录励磁绕组电阻值和标准值 □比较标准值和测量值，正确判断正弦绕组情况

四 评价反馈

评价内容见表2-17。

评价表   表2-17

评分项目	评分标准	分值	得分
学习目标	能明确本任务的知识、技能、素养目标,理解任务在工作中的重要程度	5	
工作任务分析	能清晰描述完成本次工作任务内容	2	
	能清晰描述完成本次工作任务需必备的技能与知识点	2	
有效信息获取	位置传感器的类型及其特性	2	
	旋变传感器结构及工作原理	2	
	旋转变压器检测电机转子位置	2	
	驱动电机温度传感器概述及功用	2	
	温度传感器的分类及特性	2	
	驱动电机温升原理	1	
	温度传感器的功用和工作原理	2	
	温度传感器的检修方法	2	
实施方案制订	能清晰地制订并填写本次新能源汽车驱动电机电器元件的准备作业计划	5	
	能组织或协同工作小组成员,明确本次任务所需仪器设备、工具、材料的准备与清点,并准备记录	5	
	能组织或协同工作小组成员交流,优化检查方案并记录	5	
任务实施	驱动电机旋变传感器维修手册的查阅	5	
	驱动电机旋变传感器检测作业前准备工作	5	
	驱动电机旋变传感器检测	15	
	驱动电机温度传感器维修手册的查阅	5	
	驱动电机温度传感器检测作业前准备工作	5	
	驱动电机温度传感器检测	10	
任务评价	能通过本次任务实施,结合自己在实训过程中的表现,进行自我评价及自我反思并记录	3	
职业素养	按规定时间完成项目作业	2	
	遵守实训室管理规定、劳动纪律	2	
	积极参与课堂活动、回答问题	2	
	能够按时出勤	2	

评分项目	评分标准	分值	得分
思政要求	能积极参与小组讨论,发挥团队合作精神;具有较强的安全意识、责任意识;遵守劳动纪律,以积极的态度接受工作任务;学习过程遵循"8S"管理规定	5	
总 计		100	

改进建议:

教师签字:

日期:

学习活动 4 新能源汽车驱动电机高压线束检查与更换

一 明确任务

根据任务描述,某新能源汽车上电后无法行驶,需要对驱动电机高压线束进行更换,使其恢复正常使用性能。

二 工作准备与计划制订

(一)知识准备

1. 高压电缆概述

新能源汽车通过高压线缆连接高压元器件传递电能。新能源电动客车车内电缆的使用年限是 8 年,小型车车内电缆的使用年限是 12 年。

(1)新能源汽车车内高压电缆布置在前舱与底盘区域,工作环境温度高、空间狭小。因此,要求电缆具有柔软、弯曲半径小、耐高低温性能好等特点。

（2）道路工况复杂，电缆的耐磨性必须要好，且机械强度高。

（3）车辆行驶时，车速时高时低。在满载爬坡等工况下，瞬间大电流要求电缆具有短时过载能力。

（4）较高的工作电压和较大的工作电流，要求电缆具有良好的绝缘性能和抗电磁干扰性能。

（5）高压电缆对新能源汽车维修人员存在高压威胁，国际通用的标准是将这些高压电缆用颜色鲜明的橙色外皮或者护套保护起来，不仅能起到良好的绝缘作用，还有必要的警示效果。

2.高压电缆基本结构

新能源汽车轻量化车内高压电缆结构示意，如图 2-41 所示。由 _____ 、_____ 、_____ 、_____ 组成。

1）导体

导体结构设计必须符合《道路车辆　汽车电缆　第 10 部分：尺寸和要求 600 V 交流或 900 V 直流和 1000 V 交流或 500 V 直流圆形护套屏蔽或无屏蔽多芯或单芯铝导体电缆》（ISO 19642—10）的规定。

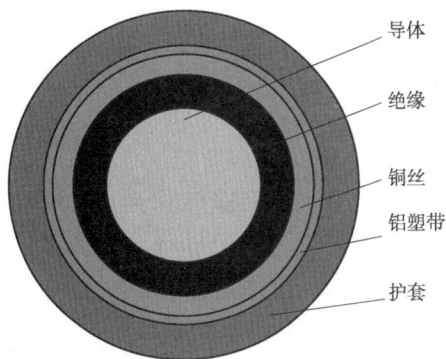

图 2-41　高压电缆内部结构

导体材料常采用 _____ 和 _____ 。因铝合金导体有效减小电缆的质量，降低成本，所以现在市面上的新能源汽车高压电缆导体材料采用铝合金导体的较多。其与铜导体性能比较，具有如下优点：

（1）导电性能好。

合金导体具有良好的导电性能，能够有效传导电流。

（2）机械性能好。

铝合金导体具有较高的强度和硬度，能够承受较大的拉力和机械应力。

（3）耐化学腐蚀性能好。

金属铝有"钝化"现象，可减少基体氧化，满足高温、高压以及盐雾环境下的耐腐蚀性能。

（4）热膨胀系数高。

铝合金导体的热膨胀系数较高，能够更好地适应温度变化，减少 _____ 。

（5）散热能力强。

采用铝合金导体，截面增大了，也就增大了散热面积。同时，铝合金"白度值"比铜高，这也有利于散热。

（6）质量轻。

铝合金导体的密度为 _____ kg/m³，铜导体的密度为 _____ kg/m³，在相同载流量条件下，即使放大两个规格，铝合金导体质量也只是铜导体质量的 50% 左右。

（7）成本低。

在相同载流量条件下,铝合金导体的成本只有铜导体的 35% ~ 50%。

2）绝缘层

新能源汽车高压电缆内部有大电流通过,会引起电缆温度升高,因此绝缘材料必须能承受较高温度。新能源汽车轻量化车内高压电缆选用耐温等级为 180℃ 的高抗撕硅橡胶,以保证电缆稳定的抗老化开裂能力和抗应力开裂能力,以及在寿命周期内优良的绝缘性能。

3）屏蔽层

新能源汽车运行时会产生较强的电磁辐射,为保证信号不受强电磁干扰,电缆屏蔽层采用铝塑复合带绕包加镀锡圆铜线编织(图 2-56 中的铝塑带和铜丝)复合屏蔽结构,确保电缆具有良好的屏蔽性能。

4）护套

综合考虑电缆较高的耐温等级要求和护套的物理机械性能(如抗应力开裂),护套采用高强度、高抗撕硅橡胶护套料。

新能源汽车高压电缆按结构可分为＿＿＿＿＿＿、单芯屏蔽电缆、多芯非屏蔽电缆和＿＿＿＿＿＿电缆。

（1）新能源汽车高压单芯非屏蔽电缆结构较为单一,仅需在导体外挤塑一层绝缘即可,绝缘层厚度应符合参考标准《道路车辆用高压电缆》(QC/T 1037—2016)的要求。

（2）新能源汽车高压单芯屏蔽电缆相对单芯非屏蔽电缆在结构上多了一层屏蔽层和护套层。编织型屏蔽电缆的编织密度要求一般不小于85%。在屏蔽形式上,有时会采用添加铝箔制成双屏蔽或铝箔 + 编织 + 铝箔的三屏蔽结构。屏蔽电缆的护套应符合标准《道路车辆用高压电缆》(QC/T 1037—2016)的要求。

（3）新能源汽车高压多芯非屏蔽/屏蔽电缆相对单芯非屏蔽/屏蔽电缆在结构和工序上稍显繁杂,一般多芯电缆的绝缘芯线尺寸都不会太大。在绝缘芯线尺寸稍大时会选择添加聚丙烯(PP)网状填充物(PP 网或 PP 加捻绳)甚至是挤出的实心填充条,以保证圆整度。

3. 高压连接器的结构及性能

（1）高压连接器的结构。

新能源汽车用高压连接器主要由＿＿＿＿＿＿、＿＿＿＿＿＿、＿＿＿＿＿＿及附件四部分构成。其中接触件是连接器的核心部件,整车各条线路和系统都是通过插合接触件完成行驶过程中所需的光、电信号的连接;绝缘体主要起到绝缘作用;外壳主要起固定和保护作用;附件则是根据用户的要求,完成对连接器所连接线缆及其他零件的保护,满足工作环境的其他要求。新能源汽车高压连接器主要应用于动力蓄电池、＿＿＿＿＿＿、＿＿＿＿＿＿、＿＿＿＿＿＿、空调压缩机、空调 PTC 加热器、驱动电机、直流充电口、交流充电口、维修开关等部件的连接。

（2）高压连接器的性能。

高压连接器用以连接电动车动力总成系统，是高压电缆关键二级零部件。连接器出现故障，会引起车辆抛锚、着火、甚至电击等情况，危及车辆使用者的生命安全。因此，连接器在电性能、机械性能、环境性能以及安全性能方面有着较高的技术要求。

4.高压连接器的分类

1）按高压连接器的接触件结构形式分类

通常接插件的接触形式主要有_____、_____和线簧式三种。

（1）片式接插件。

片式接插件的插孔为圆柱筒开槽并收口的形式。

（2）片簧式接插件。

片簧式接插件的插孔为冠簧孔，插孔内安放有 1~2 个片簧圈，每个片簧圈由多个弹簧片组成。所有弹簧片都向里拱，组成具有弹性的弹簧圈，当插孔和插针相配时，每个弹簧片都和插针接触并且产生挤压力，保证多点稳定接触。

片簧式插孔由黄铜车制件及冠簧冲压件组成。如图 2-42 所示，插孔结构采用了双曲线冠簧技术，接触面积可增加 65%，其表面为高耐磨性的镀银层。

（3）线簧式接插件。

线簧式接插件的插孔为线簧孔，插孔的结构和片簧式插孔的结构相似，只是由_____组成。

2）按高压连接器的锁止机构不同分类

（1）螺栓固定式连接器。

螺栓固定式连接器主要结构有：_____、_____、_____、密封圈、尾盖以及其他附件等。如图 2-43 所示。

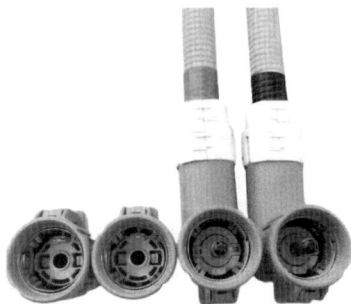

图 2-42　片簧式接插件　　　　　　图 2-43　螺栓固定式连接器

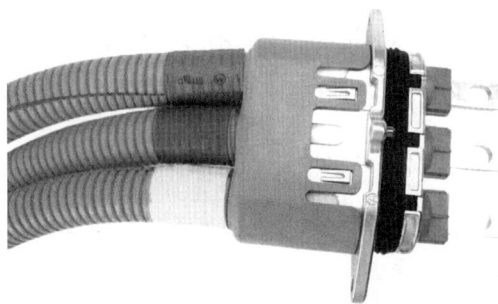

（2）一级锁止机构式高压连接器。

一级锁止机构式高压电缆接插件广泛应用于新能源汽车高压连接电缆中，包括相互配接的接插件插头、接插件插座及加强两者连接的锁扣，如快充电缆的高压连接器，如图 2-44 所示。

图 2-44　快充电缆的高压连接器

（3）二级锁止机构式高压连接器。

二级锁止机构式结构常用于新能源汽车的维修开关,如普锐斯、比亚迪电动汽车系列的维修开关。其结构中包括相互配接的_____、_____及加强两者连接的助力手柄,如图 2-45 所示。

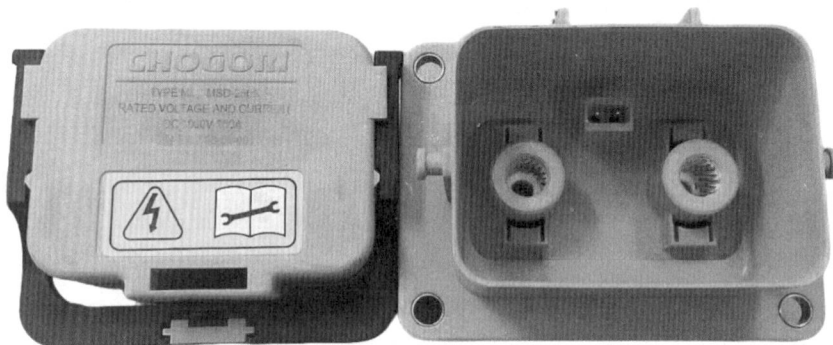

图 2-45　二级锁止机构式高压连接器

（4）三级锁止机构式高压连接器。

北汽 EV200 汽车的维修开关是三级锁止机构式,包括相互配接的接插件插头、接插件插座及加强两者连接的内外侧两个_____。

（5）航空插头。

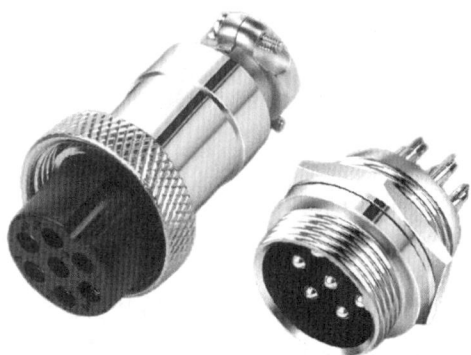

图 2-46　航空插头

大电流航空插头的应用十分广泛,在新能源汽车部分大电流接插件上也有应用。新能源汽车航空插头可以承受较高电流与电压,承受高强度震动、高温、水雾以及灰尘等恶劣环境,而且插拔方便,在保证芯数的情况下,具有足够小巧轻便的特点,另外插拔系统在受到震动、撞击或者电缆被拉扯的情况下,也可保证安全,还能在有限的空间内进行操作。航空插头一般为_____芯,这样插拔自锁系统比较安全。如图 2-46 所示。

5. 高压连接器的解锁方法

高压电缆接插件解锁方法与低压线束有所不同,解锁高压电缆接插件时要依次_____后拔下,禁止使用蛮力强行拆卸。

1)螺栓固定式连接器的解锁方法

选择合适的工具拆除在三合一控制箱中的驱动电机三相线束的_____。

2)一级锁止机构式高压连接器的解锁方法

一级锁止机构式高压电缆接插件的解锁方法如图2-47所示。

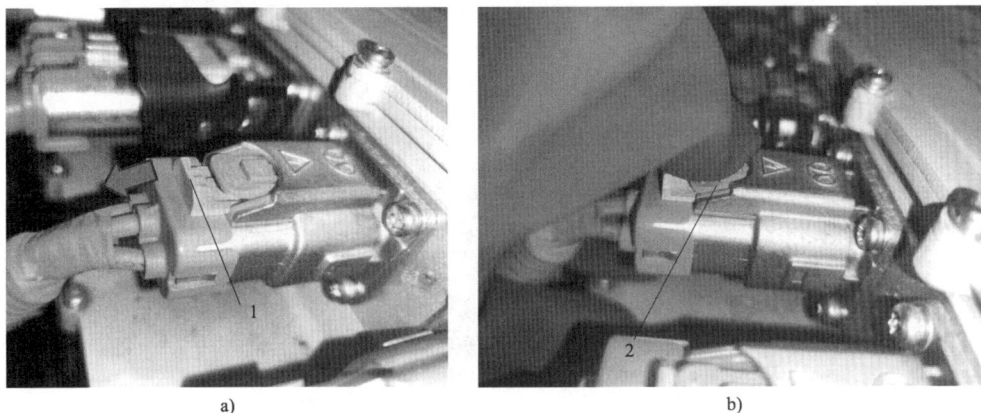

图 2-47 一级锁止机构式高压连接器的解锁方法

(1)将锁扣1往外拉出。

(2)按下位置2。

(3)将高压连接器均匀用力向外拔出。

3)二级锁止机构式高压连接器的解锁方法

以比亚迪e5的维修开关为例,解锁方法如图2-48所示。

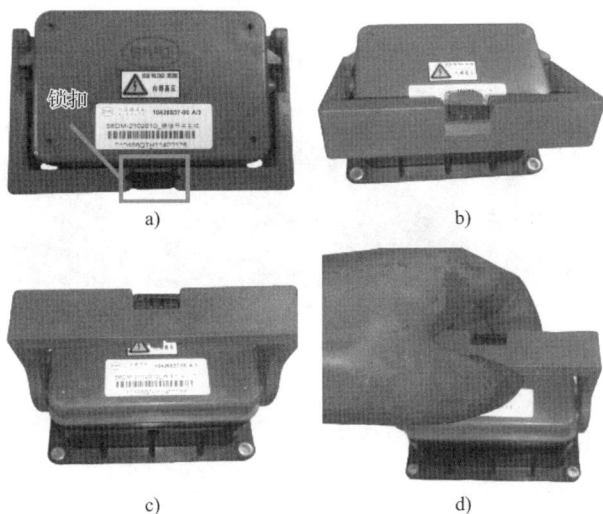

图 2-48 二级锁止机构式高压连接器的解锁方法

（1）用手将＿＿＿＿＿＿＿向上拉。

（2）将助力手柄脱出锁头,然后缓慢向上抬高助力手柄,接插件会慢慢退出。

（3）缓慢抬起助力手柄由＿＿＿＿＿＿变为＿＿＿＿＿＿时,高压连接器已全部处于拔出状态。

（4）将助力手柄上提即可将其取出。

安装时以倒序进行,注意二级锁止机构要依次插拔,强行插拔会导致接插件锁止机构＿＿＿＿＿＿。

4）三级锁止机构式高压连接器的解锁方法

以北汽 EV200 动力蓄电池高压母线为例,解锁方法如图 2-49 所示。

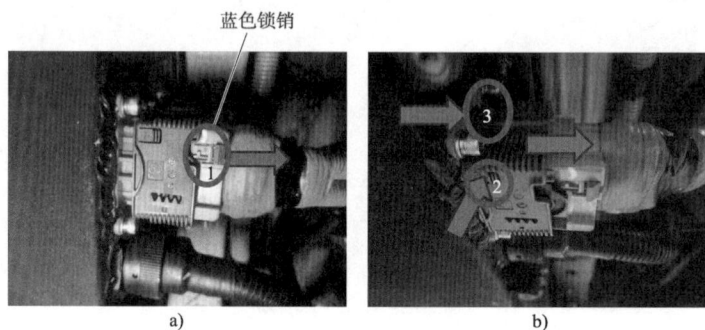

图 2-49　三级锁止机构式高压连接器的解锁方法

（1）将 1 轻轻向后拉出,待锁销与底部接触即解除第一道锁。

（2）侧向按压刻有"PRESS"标识的锁扣,同时两侧均匀用力向外推出高压连接器 2,待 1 与 2 外侧凹槽完全贴合即解除第二道锁。向上轻轻顶起高压连接器底部锁扣 3 解除第三道锁,两侧轻微晃动向外拔出接插件即可。

北汽 EV200 动力蓄电池高压母线三级锁止机构安装时以倒序插拔,注意三级锁止机构要＿＿＿＿＿＿,强行插拔会导致接插件锁止机构失效。

5）航空插头的解锁方法

以北汽 EC200 动力蓄电池高压母线为例,解锁方法如图 2-50 所示。

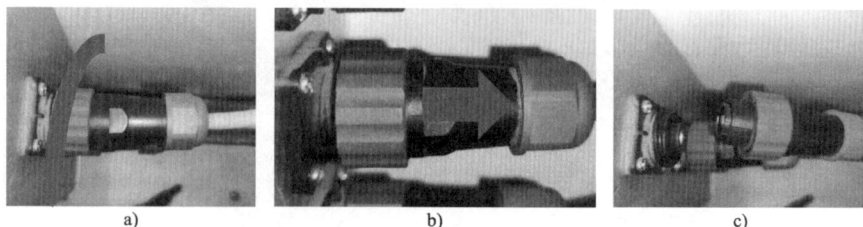

图 2-50　航空插头的解锁方法

（1）＿＿＿＿＿＿旋转航空插头端部螺帽。

（2）待旋出后将插头从插座中向后拔出。

6.绝缘检测的意义

高压系统和部件涉及绝缘问题,对于新能源汽车而言,复杂的工作环境、振动、温度、湿度和部件老化极易影响整车的绝缘性能,导致其绝缘性能无法发挥出原有功效。在泄漏电荷形成回路时,电位高、电流热会对低压系统产生一定影响,严重时会引起燃烧,威胁驾乘人员的生命安全,因此必须定期进行现场电气绝缘检测。

7.绝缘检测的标准

绝缘性能评估评判关键指标为＿＿＿＿＿＿(Ω/V),标准要求为≥＿＿＿＿＿＿Ω/V。其中,《电动汽车安全要求　第3部分:人员触电防护》(GB/T 18384.3—2015)中6.7规定在最大工作电压下,直流电路绝缘强度≥＿＿＿＿＿＿Ω/V;交流电路应至少≥＿＿＿＿＿＿Ω/V。为满足以上要求,依据电路的结构和组件的数量,每个组件应有更高的绝缘电阻。《电动、燃料电池和混合动力电动汽车碰撞完整性测试推荐规程》(SAEJ1766)中4.4.3规定在系统标称电压下,直流电路绝缘强度≥＿＿＿＿＿＿Ω/V。

电动汽车零部件电气安全防范,国内相关标准包括《电动汽车用驱动电机系统》(GB/T 18488—2024)、《电动汽车DC/DC变换器》(GB/T 24347—2021)以及《电动汽车用动力蓄电池安全要求》(GB/T 38031—2020)等。从国标分析可得,不同电动汽车零部件因功能和工作环境不同,在国标中对各个零部件绝缘强度的要求相差较大,有的甚至接近整车的绝缘强度要求。实际上,整车高压系统包含多个部件,由于整车高压系统由多个部件并联组成,因为并联电阻的总阻值小于任何一个支路电阻,若各零部件按各自国标绝缘强度要求,那么整车各零部件总的绝缘阻抗就会远低于100Ω/V,整车绝缘阻抗不能满足国标绝缘要求。企业对单个高压零部件(如高压线束)的标准,一般要求在所有端子之间、端子与屏蔽层之间、端子和护套之间施加500V直流电压,保持1min后测量绝缘电阻,其阻值不小于20MΩ。人体电阻按1000Ω计算时,根据欧姆定律 $I=U/R$,500V电压下,绝缘电阻为20MΩ,漏电流为25μA,远小于人体安全直流电流10mA。

8.绝缘检测的方法

对于封闭回路的高压直流电气系统,其绝缘性能通常用电气系统中电源对地漏电流的大小来表征。现在普遍使用＿＿＿＿＿＿和＿＿＿＿＿＿两种漏电流检测方法。

1)辅助电源法

在我国某些电力机车采用的漏电检测器中,使用一个直流110V的检测用辅助蓄电池,蓄电池正极与待测高压直流电源的负极相连,蓄电池的负极与车辆机壳实现一点连接。在待测系统绝缘性能良好的情况下,蓄电池没有电流回路,漏电流为零;在电源线缆绝缘层老化或者环境潮湿等情况下,蓄电池通过电源线缆绝缘层形成闭合回路、产生漏电流,检测器根据漏电流的大小进行报警,并关断待测系统电源。这种检测方法不仅需要直流110V电源,增加了系统结构的复杂度,而且这种检测方法难以区分绝缘故障源是来自电源正极引线电缆还是负极引线电缆。

2)电流传感法

采用＿＿＿＿＿＿是对高压直流系统进行漏电流检测的另一种方法。将待测系统中电源的正极和负极一起同方向穿过电流传感器,当没有漏电流时,从电源正极流出的电流等于返回到电源负极的电流,因此穿过电流传感器的总电流为零,电流传感器的

_____为零;当发生漏电现象时,电流传感器输出电压不为零。根据电压的正负可以进一步判断产生漏电流的来源是来自电源正极引线电缆还是电源负极引线电缆。但是,应用此方法的前提是待测电源必须处于_____。

3)绝缘检测的实施方法

以动力蓄电池高压线束为例,对测试点的检测说明如下。

(1)断开动力蓄电池_____。

(2)确保绝缘测试设备接线正确,接线及校准方式按说明书要求。

(3)穿戴好绝缘手套,将绝缘表_____连接到车身(前舱盖锁固定螺栓),如图2-51所示。

(4)绝缘表测试正极探头连接到总正插头或总负插头的端子,如图2-52所示。

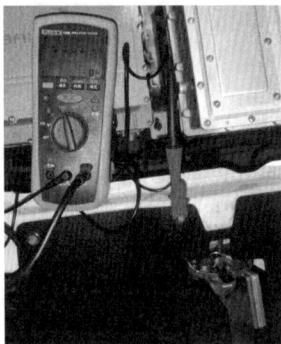

图2-51 绝缘表负极端子连接

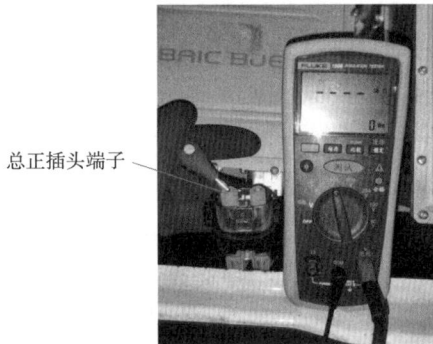

图2-52 绝缘表正极端子连接

(5)连接完成后,按绝缘表上的测试键开始测试,仪表屏幕上会显示测试的电阻值。当所测试阻值大于测试量程时,仪表会显示大于符号以及目前量程的最大值。对照维修手册,判断是否满足绝缘要求。

整车电气绝缘故障处理,一般分3个级别处理,并且按照安全级别的划分为_____、_____、_____3个区域。对于漏电应该提前进行预判和报警,在轻微漏电时,对整车功率进行_____并上报故障,做到重大故障发生前的控制,同时整车的绝缘电阻值也需要发送到远程监测平台,以方便监控管理以及救援。

(二)工作方案制订

1.任务分工

学生任务分配见表2-18。

学生任务分配表   表2-18

班级		组号		指导老师	
组长		任务分工			
组员1		任务分工			
组员2		任务分工			

续上表

班级		组号		指导老师	
组员 3		任务分工			
组员 4		任务分工			
组员 5		任务分工			
组员 6		任务分工			

2. 工量具、仪器设备与耗材准备

(1)使用的工量具有：_____。

(2)使用的仪器设备有：_____。

(3)使用的耗材有：_____。

3. 具体方案描述

_____

_____

_____

_____

_____。

三 计划实施

(一)安全注意事项及技能要点

1. 安全注意事项

(1)确保学生完全在教师的指导下,在授权的范围内进行操作。

(2)禁止在不穿戴安全防护用品的情况下,接触任何车辆的高压电部件。

(3)学生应充分了解其职责范围,绝不擅自对高压电部件进行任何拆装调整。

(4)高压电动车辆在脱离教师监控时必须全车落锁,驶离举升工位并由教师妥善保管钥匙。

(5)在任何时候都应注意自身的人身安全防护。

(6)使用绝缘测试仪前,应佩戴绝缘手套。

(7)在进行绝缘测试时,不得用手触摸笔的金属部分,避免发生触电事故。

(8)检测用的仪器仪表使用完毕后,应及时关闭电源。

(9)能够规范使用车辆防护、绝缘防护、隔离警示等设备。

(10)工作中及完成任务后,应遵守实训场地"8S"要求。

(11)确保在车辆下电状态下,对高压线束进行检查和更换。

2. 技能要点

(1)新能源汽车驱动电机高压线束目视检查方法。

(2)新能源汽车驱动电机 U、V、W 三相电缆导通性测试方法。

(3)新能源汽车驱动电机绝缘测试方法。

(4)新能源汽车驱动电机高压电缆更换的方法。

(二)新能源汽车驱动电机高压线束检查

1. 新能源汽车驱动电机高压线束目视检查的操作方法及说明

新能源汽车驱动电机高压线束目视检查的操作方法及说明见表 2-19。

新能源汽车驱动电机高压线束目视检查的操作方法及说明　　　　表 2-19

步骤	操作方法及说明	质量标准及记录
作业前准备工作	布置作业前现场环境 	□正确设置隔离栏 □正确放置安全警示牌 □正确检查灭火器 □铺设防护四件套
	检查防护用具 	□正确检查绝缘手套耐压等级 □正确检查绝缘手套气密性 □正确检查护目镜
	检查仪表工具 	□正确检查万用表 □正确进行绝缘测试仪短路测试 □正确进行绝缘测试仪开路测试

步骤	操作方法及说明	质量标准及记录
作业前准备工作	测量绝缘地垫绝缘电阻 	□记录绝缘地垫绝缘电阻,阻值为_____,标准值为_____,结果判断_____
新能源汽车驱动电机高压线束目视检查	检查新能源汽车驱动电机三相线束固定盖板外观是否有破损,安全标识是否安全 	□记录新能源汽车驱动电机三相线固定盖板外观检查情况 □记录新能源汽车驱动电机三相线束固定盖板安全标识检查情况
	拆卸新能源汽车驱动电机三相线束固定盖板 	□对角拆卸新能源汽车驱动电机三相线束固定盖板
	检查新能源汽车驱动电机三相线束固定盖板通气孔 	□记录新能源汽车驱动电机三相线束固定盖板通气孔检查情况

步骤	操作方法及说明	质量标准及记录
新能源汽车驱动电机高压线束目视检查	拆卸驱动电机三相线束驱动电机端固定螺栓 	□正确选择套筒 □正确使用工具 □交替多次拆卸驱动电机三相线束驱动电机端固定螺栓
	目视检查驱动电机三相线束表面有无脏物、油污、烧蚀及破损 	□记录驱动电机三相线束表面检查情况
	目视检查驱动电机三相线束接插件连接端针脚是否变形、完全、缺失及破损，有无油污、异物及烧蚀 	□记录驱动电机三相线束接插件连接端针脚检查情况

2.新能源汽车驱动电机高压线束导通性检查的操作方法及说明

新能源汽车驱动电机高压线束导通性检查的操作方法及说明见表2-20。

新能源汽车驱动电机高压线束导通性检查的操作方法及说明　　　　表 2-20

步骤	操作方法及说明	质量标准及记录
确认新能源汽车驱动电机高压线束各针脚的定义	(1)确认驱动电机高压线束 A 针脚的定义； (2)确认驱动电机高压线束 B 针脚的定义； (3)确认驱动电机高压线束 C 针脚的定义； (4)确认驱动电机高压线束 1 号针脚的定义； (5)确认驱动电机高压线束 2 号针脚的定义； (6)确认驱动电机高压线束 3 号针脚的定义	□记录驱动电机高压线束 A 针脚的定义 □记录驱动电机高压线束 B 针脚的定义 □记录驱动电机高压线束 C 针脚的定义 □记录驱动电机高压线束 1 号针脚的定义 □记录驱动电机高压线束 2 号针脚的定义 □记录驱动电机高压线束 3 号针脚的定义
检测新能源汽车驱动电机高压线束导通性	检测驱动电机高压线束 A 针脚与 1 号针脚 	□记录驱动电机高压线束 A 针脚与 1 号针脚导通性检查情况
	检测驱动电机高压线束 B 针脚与 2 号针脚 	□记录驱动电机高压线束 B 针脚与 2 号针脚导通性检查情况
	检测驱动电机高压线束 C 针脚与 3 号针脚 	□记录驱动电机高压线束 C 针脚与 3 号针脚导通性检查情况

3. 新能源汽车驱动电机高压线束绝缘性检查的操作方法及说明

新能源汽车驱动电机高压线束绝缘性检查的操作方法及说明见表2-21。

新能源汽车驱动电机高压线束绝缘性检查的操作方法及说明　　　表2-21

步骤	操作方法及说明	质量标准及记录
维修手册的查阅	查阅维修手册,查找新能源汽车驱动电机高压线束驱动电机端固定螺栓扭力	□记录驱动电机高压线束驱动电机端固定螺栓规格、扭力和所在维修手册页码
驱动电机高压线束绝缘性检查	检测驱动电机高压线束 A 针脚绝缘性 	记录驱动电机高压线束 A 针脚绝缘情况:绝缘测试仪选用挡位为_____,阻值为_____,结果判断_____
	检测驱动电机高压线束 B 针脚绝缘性 	记录驱动电机高压线束 B 针脚绝缘情况:绝缘测试仪选用挡位为_____,阻值为_____,结果判断_____
	检测驱动电机高压线束 C 针脚绝缘性 	记录驱动电机高压线束 C 针脚绝缘情况:绝缘测试仪选用挡位为_____,阻值为_____,结果判断_____

4.新能源汽车驱动电机高压线束更换的操作方法及说明

新能源汽车驱动电机高压线束更换的操作方法及说明见表2-22。

新能源汽车驱动电机高压线束更换的操作方法及说明   表 2-22

步骤	操作方法及说明	质量标准及记录
执行高压下电	拉好警戒带,检查灭火器,放置安全标识 	□正确设置隔离栏 □正确放置安全警示牌 □正确检查灭火器
	确认车辆基本情况 	□铺设防护四件套
	检查绝缘手套,安全帽及护目镜 	□正确检查绝缘手套耐压等级 □正确检查绝缘手套气密性 □正确检查护目镜
	拉好驻车制动器,关闭启动按钮,并妥善保管好车辆钥匙 	□车辆处于关闭状态 □车辆钥匙妥善保管

步骤	操作方法及说明	质量标准及记录
执行高压下电	断开辅助蓄电池负极,并缠上胶布	□正确断开辅助蓄电池负极 □辅助蓄电池负极缠上胶布
	断开维修开关,并妥善保管好维修开关	□正确断开维修开关 □将维修开关放置在工具箱内,并锁好工具箱
	等待1min后,使用万用表测量直流充电口高压端子,系统电压应处于无电状态	□确认车辆处于无电状态,并记录高压下电后电压,电压为_____
更换新能源汽车驱动电机高压线束	举升车辆	□举升机平稳上升 □车辆安全落锁

步骤	操作方法及说明	质量标准及记录
更换新能源汽车驱动电机高压线束	放净动力总成冷却液 	□正确选择套筒 □正确使用工具 □冷却液排尽
	降下车辆 	□举升机平稳下降
	拆卸新能源汽车驱动电机高压线束驱动电机控制器端 	□正确选择套筒 □正确使用工具 □正确拆卸新能源汽车驱动电机高压线束驱动电机控制器端
	拆卸高压电控总成低压接插件 	□正确拆卸高压电控总成低压接插件

步骤	操作方法及说明	质量标准及记录
更换新能源汽车驱动电机高压线束	拆卸高压电控总成高压线束接插件	□拆除高压线束时,依次解除锁扣,禁止越级徒手或强行蛮力拆卸
	拆卸高压电控总成冷却水管	□正确使用工具拆卸高压电控总成冷却水管卡箍 □拆卸下的高压电控总成冷却水管无破损
	拆卸高压电控总成	□正确使用工具拆卸高压电控总成
	拆卸新能源汽车驱动电机高压线束驱动电机端	□正确选择套筒 □正确使用工具 □拆卸新能源汽车驱动电机高压线束驱动电机端

步骤	操作方法及说明	质量标准及记录
更换新能源汽车驱动电机高压线束	检查新的新能源汽车驱动电机高压线束外观情况,导通性及绝缘情况 	□正确检查新的新能源汽车驱动电机高压线束外观情况 □正确检查新的新能源汽车驱动电机高压线束导通情况 □正确检查新的新能源汽车驱动电机高压线束绝缘情况
	安装新的驱动电机高压线束 	□正确安装新的驱动电机高压线束
场地恢复	安装高压电控总成高低压线束接插件 	□正确安装高压电控总成高低压线束接插件
	检查高压电控总成高低压线束接插件 	□高压电控总成低压线束接插件紧固,无松脱 □高压电控总成高压线束接插件紧固,无松脱

步骤	操作方法及说明	质量标准及记录
场地恢复	安装高压电控总成冷却水管,并加注冷却液 	□冷却水管无破损 □冷却水管无泄漏
	安装低压辅助电源负极 	□低压辅助电源负极紧固无松脱
	车辆上电 	□车辆正常上电 □车辆功能正常,仪表无故障指示灯
	场地"8S"管理 	□工量具归位 □清理场地

四 📋 评价反馈

评价内容见表2-23。

评价表　　　　　　　　　　　　　　　　　　　　表2-23

评分项目	评分标准	分值	得分
学习目标	能明确本任务的知识、技能、素养目标,理解任务在工作中的重要程度	5	
工作任务分析	能清晰描述完成本次工作任务内容	2	
	能清晰描述完成本次工作任务需必备的技能与知识点	2	
有效信息获取	高压电缆	2	
	高压电缆基本结构	2	
	高压连接器的结构及性能	2	
	高压连接器的分类	1	
	高压连接器的解锁方法	2	
	绝缘检测的意义	2	
	绝缘检测的作用	2	
	绝缘检测的标准	1	
	绝缘检测的条件	2	
	绝缘检测的方法	2	
实施方案制订	能清晰地制订并填写本次新能源汽车驱动电机高压线束检查与更换作业计划	3	
	能组织或协同工作小组成员,明确本次任务所需仪器设备、工具、材料的准备与清点,并准备记录	2	
	能组织或协同工作小组成员交流,优化检查方案并记录	5	
任务实施	新能源汽车驱动电机高压线束目视检查作业前准备工作	2	
	新能源汽车驱动电机高压线束目视检查	3	
	新能源汽车驱动电机高压线束导通性检查中高压线束各针脚的定义确认	5	
	检测新能源汽车驱动电机高压线束导通性	10	
	新能源汽车驱动电机高压线束绝缘性检查的维修手册的查阅	10	
	执行高压下电	10	
	更换新能源汽车驱动电机高压线束	5	
	场地恢复	2	

续上表

评分项目	评分标准	分值	得分
任务评价	能通过本次任务实施,结合自己在实训过程中的表现,进行自我评价及自我反思并记录	3	
职业素养	按规定时间完成项目作业	2	
	遵守实训室管理规定、劳动纪律	2	
	积极参与课堂活动、回答问题	2	
	能够按时出勤	2	
思政要求	能积极参与小组讨论,发挥团队合作精神;具有较强的安全意识、责任意识;遵守劳动纪律,以积极的态度接受工作任务;学习过程遵循"8S"管理规定	5	
总计		100	

改进建议:

教师签字:

日期:

任务习题 ＞＞＞

1. 单项选择题

(1)电机控制器中功率变换器模块的名称为(　　　)。

　　A. IGBT　　　　　　　　B. 晶闸管　　　　　　　　C. 场效应管　　　　　　D. 三极管

(2)对驱动电机进行绝缘性检测后,需对三相绕组进行(　　　)。

　　A. 放电　　　　　　　　　　　　　　　　B. 加压

　　C. 通路测试　　　　　　　　　　　　　　D. 完整性测试

(3)驱动电机定子中有(　　　)个温度传感器监测电机工作温度。

　　A. 1　　　　　　　　B. 2　　　　　　　　C. 3　　　　　　　　D. 4

(4)对于 2017 款比亚迪 e5 来说回馈电流小于 1C,主要指的是电流(　　　)。

　　A. =0A　　　　　　　B. =75A　　　　　　C. ≥75A　　　　　　　D. ≤75A

(5)对驱动电机进行高压部件检测时,主要是对驱动电机(　　　)部位进行检测。

A. 三相绕组   B. 减速器主轴

C. 减速器主轴   D. 电机控制器

2. 判断题

(1)新能源汽车电力驱动系统的检查可以在车辆行驶中进行。   (   )

(2)电池电量耗尽后,可以通过充电恢复其全部性能。   (   )

(3)所有新能源汽车的电力驱动系统都是相同的。   (   )

3. 多项选择题

(1)下列关于进行驱动电机绕组短路测试时,下列说法正确的是(   )。

    A. 在进行驱动电机绕组短路测试时,毫欧表测量的位置为驱动电机三相电缆线

    B. 在进行驱动电机绕组短路测试时,毫欧表测量的位置为驱动电机本体中的绕组的 U、V、W 相

    C. 在进行驱动电机绕组短路测试时,需将驱动电机三相电缆从驱动电机中拆除才能进行测量

    D. 在进行驱动电机绕组短路测试时,毫欧表读数稳定后,才能读取数据

(2)对驱动电机进行高压检测,主要是对驱动电机高压部件进行(   )检测。

    A. 绝缘性   B. 短路

    C. 通路   D. 以上皆不正确

(3)对驱动电机进行绝缘检测时,绝缘测试仪黑表笔搭铁,红表笔接(   )。

    A. U 相   B. V 相   C. W 相   D. Z 相

(4)在进行驱动电机故障原因判断时,可通过(   )进行初步判断。

    A. 车辆仪表信息   B. 车辆故障现象

    C. 故障码相关提示   D. 万用表测量

(5)当驱动电机旋变传感器出现故障时,故障现象为(   )。

    A. OK 灯点亮后熄灭   B. OK 灯常灭

    C. 系统故障指示灯点亮   D. 仪表提示:请检查动力系统

4. 实操练习题

    一辆 2016 款北汽 EC200 因驱动电机发生故障,需更换动力总成,请完成该项工作任务。

学习任务三

新能源汽车无法充电故障检修

学习目标 >>>

1. 知识目标

(1)掌握充电系统的结构及工作原理。

(2)理解充电系统的检测方法及技术规范。

(3)掌握充电系统无法充电的故障原因。

2. 技能目标

(1)能够描述充电系统的结构及工作原理。

(2)能够根据车辆维修手册的工作要求,对充电系统进行检测。

(3)能够在车辆维修手册的指引下,以小组合作的方式,利用故障树分析法,分析新能源汽车无法充电故障。

(4)以小组合作的方式,能够排除新能源汽车无法充电故障。

3. 素养目标

(1)培养独立分析与解决专业问题的能力。

(2)培养热爱劳动、崇尚劳动、诚实劳动的劳动精神。

(3)培养质量意识、安全意识、环保意识。

(4)树立执行企业安全生产制度的意识。

参考学时 >>>

72 学时。

任务描述 >>>

某新能源汽车售后服务企业接收到一辆故障新能源汽车,客户反映汽车无法充电,初步诊断是充电系统故障,需对充电系统进行检修。

学习活动 1　新能源汽车充电系统基本检查

一 ⚡ 明确任务

根据任务描述,某新能源汽车无法充电,经检测,需对充电系统各部件进行检查与更换,使其恢复正常使用性能。

二 ⚡ 工作准备与计划制订

(一)知识准备

纯电动新能源汽车充电方式主要有_____即慢充、_____即快充和_____三种方式。

1. 新能源汽车充电系统的基本结构

图 3-1、图 3-2 分别为新能源汽车充电系统主要结构组成和充电系统结构组成示意图。其主要由_____、_____、_____、_____、高压控制盒、_____、DC/DC变换器、低压蓄电池、充电指示灯及各种高压线束和低压线束等组成。

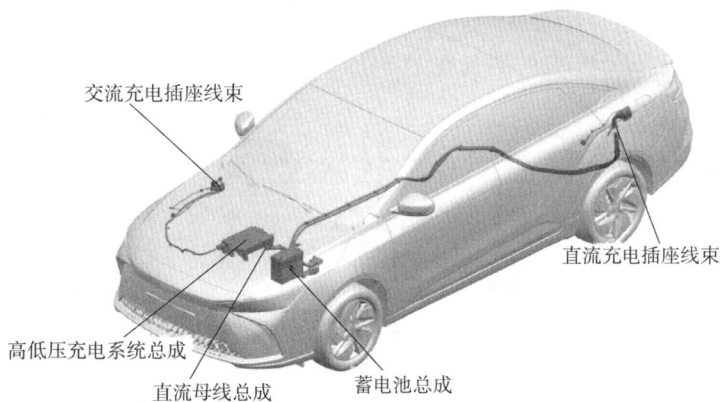

图 3-1　电动汽车充电系统的组成

1)充电桩

充电桩安装于公共建筑(公共楼宇、商场、公共停车场等)和居民小区停车场或充电站内,可以根据不同的电压等级为各种型号的电动汽车充电。充电桩的输入端与交流电网直接连接,输出端都装有充电插头用于为电动汽车充电。充电桩一般提供_____和_____两种充电方式。

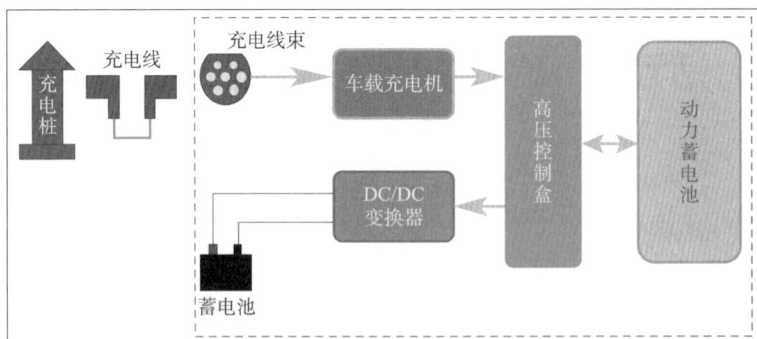

图 3-2　充电系统结构组成示意图

充电桩分类一般有以下三种。

（1）按安装方式分类。

按安装方式可分为_____、_____。落地式充电桩适合安装在不靠近墙体的停车位，挂壁式充电桩适合安装在靠近墙体的停车位。

（2）按安装地点分类。

按照安装地点可分为公共充电桩、专用充电桩和自用充电桩。公共充电桩建设在公共停车场(库)，结合停车泊位，为社会车辆提供公共充电服务。专用充电桩建设在单位(企业)自有停车场(库)，为单位(企业)内部人员使用。自用充电桩建设在个人自有车位(库)，为私人用户使用。公共充电桩主要采用直流充电和交流充电两种方式，而自用充电桩则主要采用_____。

（3）按充电方式分类。

按充电方式，充电桩可分为_____、_____和_____三种，如图 3-3、图 3-4 所示。交流充电和直流充电的对比见表 3-1。

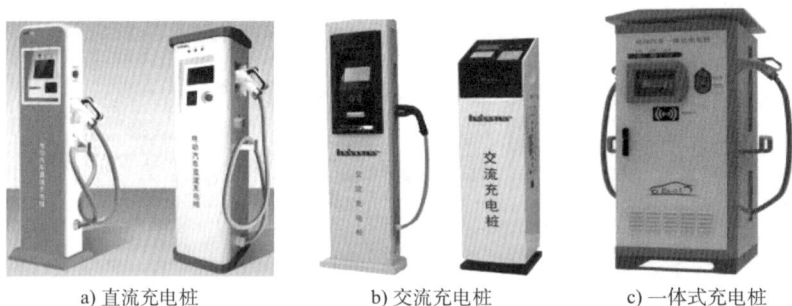

a) 直流充电桩　　　b) 交流充电桩　　　c) 一体式充电桩

图 3-3　按充电方式分类充电桩类型

2) 高压控制盒

高压控制盒能够完成动力蓄电池电源的_____及_____，实现对_____的保护及_____。目前较多的车型都把高压控制电控集成化。以北汽 EV160 为例，高压控制盒共有 5 处接线口，分别连接快充插件、动力蓄电池、驱动电机控制器、高压附件插件和低压控制插件。高压控制盒结构如图 3-5 所示。

图 3-4　交直流一体充电桩

交流充电和直流充电的对比　　　　　　　　　　　　　　　　　　表 3-1

项目	交流充电	直流充电
图例		
充电方式	需要车载充电机作为对动力蓄电池充电的中间媒介	直接对动力蓄电池充电
应用场景	单相交流充电桩 220V、三相交流充电桩 380V	直流充电电压为直流输出（200～1000V），包括普通直流充电桩、超级直流快充桩
建设场地	办公楼、商场、公共停车场、住宅小区、农村用户等日常生活、工作场景	高速服务区快充站、公交车和出租车集中充电站等专用充电站场景
充电功率	相对较低	相对较高
充电时间	5～8h	10min～2.5h
使用时间	一般为晚上，可预约深夜电价低谷期充电，利用夜间休息时间进行充电，降低白天用电负荷，有利于电网削峰填谷	一般为白天，即充即走，适用于紧急情形下的充电需求
充电便利性	交流充电可使用随车充电线，在任何存在交流插座的场景中均可实现充电	直流充电必须使用充电桩方可充电

续上表

项目	交流充电	直流充电
充电电压	常规交流电压	适配动力蓄电池的直流电压
对动力蓄电池的影响程度	交流充电对动力蓄电池使用寿命的不利影响程度相对较小	直流充电对动力蓄电池使用寿命的不利影响程度相对较大
逆变功能	通过车载充电机的逆变技术,使新能源汽车具备移动分布式储能设备功能	未配置车载充电机,从而无法实现车载逆变功能,除非单独安装逆变装置
对电网的影响程度	交流充电功率相对较低,对电网的冲击较小,有利于保障电网供电的稳定性	直流充电功率较大,给电网带来一定的负担

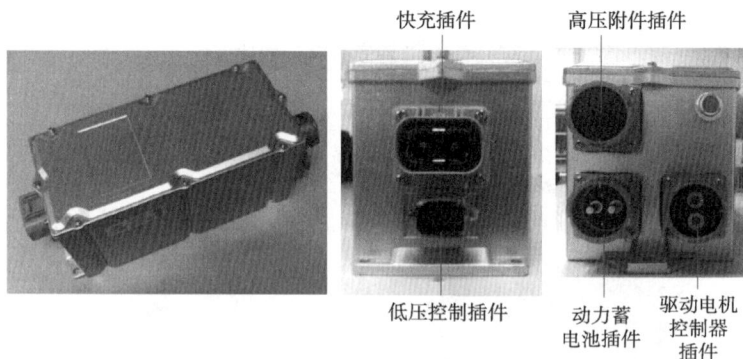

图 3-5　高压控制盒

3)车载充电机(On-board-Charger,OBC)

OBC 的主要功能是将_____转换成_____给动力蓄电池充电;充电时,车载充电器根据车辆控制单元(VCU)的指令确定充电模式;车载充电器内部有滤波装置,可以抑制交流电网波动对车载充电机的干扰。

车载充电机工作过程中需要协调充电桩、BMS 等部件,提供过压、欠压、过流、欠流等多种保护措施,当充电系统发生故障时会_____。

车载充电机结构如图 3-6 所示,主要参数见表 3-2。

图 3-6　车载充电机

车载充电机参数表　　表 3-2

项目	参数
输入电压	220V ± 15% AC
输出电压	240 ~ 410VDC
效率	满载大于 90%
冷却方式	风冷
防护等级	IP66

4）DC/DC 转换器

DC/DC 转换器是_____/_____的缩写,相当于传统汽车的_____,将动力蓄电池的高压电转换成_____给蓄电池及低压系统供电,具有高效率、体积小、耐受恶劣工作环境的特点。DC/DC 转换器结构如图 3-7 所示,主要参数如表 3-3 所示。

低压输出负极
低压输出正极
低压控制端
高压输入端

图 3-7　DC/DC 转换器

DC/DC 转换器参数表　表 3-3

项目	参数
输入电压	240～410VDC
输出电压	14VDC
效率	峰值大于 88%
冷却方式	风冷
防护等级	IP67

5）充电插口

（1）充电插口的组成。

充电插口是指用于连接活动电缆和电动汽车的充电部件,主要由充电插座与充电插头两部分组成,图 3-8 所示为交流充电插口和直流充电插口。

图 3-8　交、直流充电插口对比图

（2）交流充电插口的标准。

国标《电动汽车传导充电用连接装置　第 1 部分:通用要求》（GB/T 20234.1—2023）规定了交流与直流接口的标准,交流接口采用的是_____的设计,直流接口采用_____的设计,图 3-9 所示为车载交流充电口端子符号及功能。

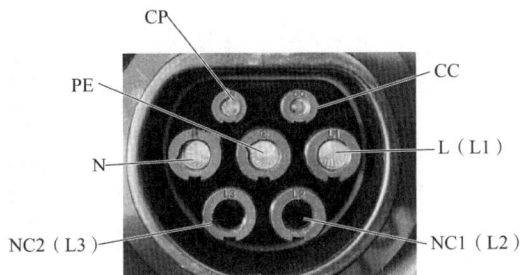

图 3-9　国标交流充电接口的针脚布置及定义

CP-充电控制确认;N-中线/零线;NC2-备用触头;PE-保护接地,连接供电设备地线和车身地线;NC1-备用触头;
L-交流电源;CC-充电枪连接

（3）直流充电插口的标准。

快充口接口定义如图3-10所示。

图3-10　快充口接口定义

S-充电通信CAN_L;S+-充电通信ICAN_H;CC1-充电连接确认;CC2-充电连接确认;DC--直流电源负极;DC+-直流电源正极;A--低压辅助电源负极;A+-低压辅助电源正极;PE-车身地(搭铁)

（4）充电锁功能。

很多新能源汽车在交流充电时都具有电子锁止功能,防止_____充电枪,同时起到充电枪防盗作用。电子锁安装在充电插座上,通过控制圆柱锁杆的伸缩实现上锁及解锁功能。

上锁:插入充电枪,收到BMS允许充电指令后上锁。

解锁:

①整车处于OFF挡前提下,按遥控钥匙解锁按钮,进而实现解锁。

②整车处于ON、READY挡位时,也可通过中控锁进行解锁;当钥匙解锁失效时,可通过拽解锁钢丝实现解锁。

（5）充电指示灯。

充电指示灯用不同的颜色(通常是绿、黄、红三种颜色)来说明电量状态。充电指示灯的功能和在车辆上的位置因车型而异。图3-11为吉利车充电枪功能指示灯的状态说明。

显示区域	显示状态	状态说明
1	蓝色常亮	电源指示
2-4	绿色循环闪烁	正在充电
2-4	全部绿色常亮	充电完成
2-4	全部绿色闪烁	未连接
5	红色闪烁	漏电保护
6	红色闪烁	过流保护
7	红色闪烁	过压/欠压保护
8	红色闪烁	通信异常
9	红色常亮	未接地
5-9	红色常亮	电源故障

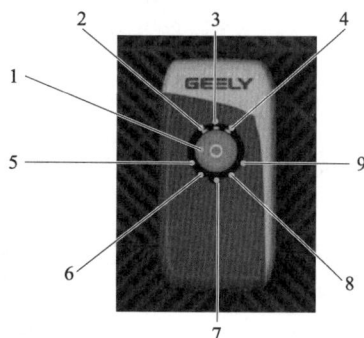

图3-11　吉利车充电枪功能指示灯状态说明

2.纯电动汽车充电系统工作分类及原理

(1)快充(直流充电)。

当充电枪连接到整车直流充电插座,直流充电设备向 BMS 发送_____信号,BMS 开始工作并进行自检,若自检无异常,同时 BMS 接收到充电连接确认信号以及充电报文,则 BMS 闭合快充继电器、主负继电器,开始充电。充电完成后,BMS 向充电桩发送_____指令,待充电桩停止充电后,BMS 切断_____、主负继电器,充电结束。直流充电电流量传递路线如图 3-12 所示。

充电时间:153A·h 电池 0.5h 可充电 30%~80%。190A·h 电池 35min 可充电 30%~80%。

图 3-12　直流充电流量传递路线图

(2)慢充(交流充电)。

VCU 被 OBC 唤醒,当接收到 OBC 发出的交流充电连接确认信号(CC、CP)、BMS 发出的高压互锁状态为闭合、SOC<100% 以及车辆 EPB 或 P 挡锁止时,向 BMS 发送充电允许信号,然后 BMS 同时闭合_____以及_____,开始充电。充电开始后,当 OBC 接收到 VCU 的交流充电命令后,内部 DC/DC 开始工作,为蓄电池充电。充电完成后 VCU 停止 DC/DC 工作,然后向 BMS 发送断开主继电器命令,充电结束。交流充电电流量传递路线如图 3-13 所示。

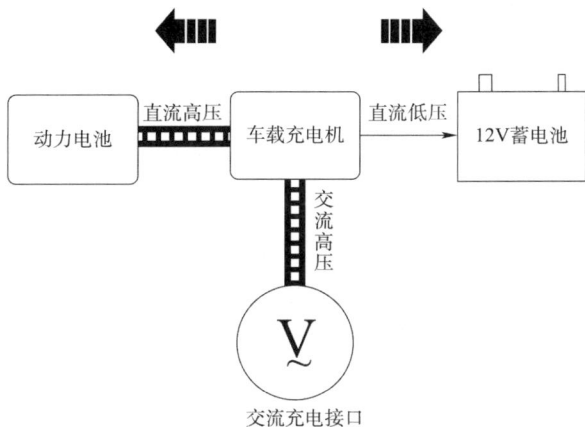

图 3-13　交流充电流量传递路线

(3)低压充电。

高压上电前,低压电路系统依赖 12V 铅酸蓄电池供电,当高压上电后,高低压充电系统内置 DC/DC 将动力蓄电池输出的_____转换成_____为 12V 铅酸蓄电池充电,并充当辅助低压电源。低压充电流量传递路线如图 3-14 所示。

(4)智能充电。

长期停放的车辆容易造成低压蓄电池亏电,低压蓄电池严重亏电将会导致车辆无法起动上电。为避免这一问题,本车具有智能充电功能。当蓄电池电压低于设定值时,_____发送智能补电请求,此时若 VCU 收到车辆电源模式为_____,并判断四门两盖处于关闭状态,则向 BMS 发送闭合主继电器指令,主正、主负继电器闭合之后,DC/DC 开始为蓄电池充电。智能充电流量传递路线如图 3-15 所示。

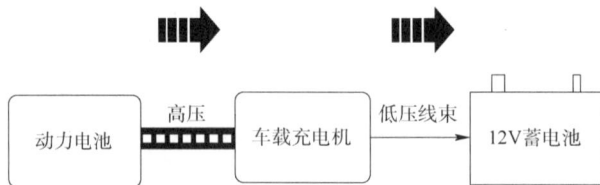

图 3-14　低压充电流量传递路线

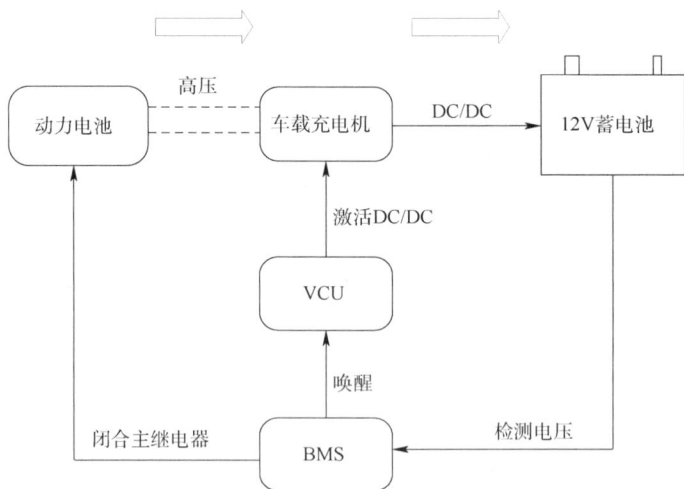

图 3-15　智能充电流量传递路线

（5）能量回馈。

车辆在滑行或制动时,VCU 通过状态数据采集,推算所需的制动力矩并发给电机控制器。此时电机从工作模式转换为发电模式向电池组充电。制动能量回收传递路线与能量消耗相反,具体如下:制动能量回收过程中电机消耗车轮旋转的动能发出交流电再输出给电机控制器,电机控制器将_____转换成_____给_____充电。能量回收流量传递路线如图 3-16 所示。

图 3-16　能量回收流量传递路线

3. 充电操作步骤及注意事项

1）充电的操作步骤

（1）准备工作：在充电前，首先要确保车辆处于_____，并且切断_____。然后，找到车辆上的充电插口，打开充电口盖。

充电操作步骤

（2）连接充电设备：将充电设备的电源线插入电源插座，并确认电源是否正常。然后，将充电设备的充电线插入车辆的充电插口，确保连接牢固。

（3）设置充电模式：根据车辆的充电需求，选择合适的充电模式。一般来说，有快充和慢充两种模式可供选择。快充适用于急需充电的情况，但会对_____产生一定影响；慢充则适用于_____，对电池寿命影响较小。

（4）启动充电：确认充电设备连接正常后，按下充电设备的启动按钮，开始充电。在充电过程中，可以通过充电设备的显示屏或车辆上的充电指示灯，监控充电进度。

（5）充电完成：当车辆充电达到设定的目标电量后，充电设备会自动停止充电。此时，应先拔下充电设备的充电线，关闭充电口盖，再将充电设备的电源线拔出电源插座。

2）充电注意事项

（1）为了确保充电的安全和效果，应选择正规品牌的充电设备。

（2）在充电过程中，要遵循车辆使用说明书中的相关规范。特别是对于充电方式、充电时间和充电电流的限制，一定要严格遵守，以免发生意外事故。

（3）在充电前，应确认所需充电电量，避免过度充电。一般来说，保持电池电量在20%~80%之间是比较合适的。

（4）选择充电时间和地点时，要避免高温环境，尽量选择_____、_____的地方进行充电。

（5）定期检查充电设备的电线、插头、接口等部分，确保其完好无损。

（6）在充电过程中，应尽量避免离开车辆。如果需要离开，应确保充电设备和车辆处于安全状态，并保持通讯畅通，随时能够接收到充电过程中的信息。

（7）充电完成后，应及时拔掉充电设备的充电线，并关闭_____。同时，确认充电设备的电源线已拔出电源插座，以防止意外事故的发生。

（二）工作方案制订

1. 任务分工

学生任务分配表见表3-4。

学生任务分配表 表3-4

班级		组号		指导老师	
组长		任务分工			
组员1		任务分工			

班级		组号		指导老师	
组员 2		任务分工			
组员 3		任务分工			
组员 4		任务分工			
组员 5		任务分工			
组员 6		任务分工			

2. 工量具、仪器设备与耗材准备

(1) 使用的工量具有：＿＿＿＿＿＿＿＿＿＿＿＿＿＿＿＿＿＿＿＿＿＿＿＿＿。

(2) 使用的仪器设备有：＿＿＿＿＿＿＿＿＿＿＿＿＿＿＿＿＿＿＿＿＿＿。

(3) 使用的耗材有：＿＿＿＿＿＿＿＿＿＿＿＿＿＿＿＿＿＿＿＿＿＿＿＿。

3. 具体方案描述

＿＿＿＿＿＿＿＿＿＿＿＿＿＿＿＿＿＿＿＿＿＿＿＿＿＿＿＿＿＿＿＿＿＿＿

＿＿＿＿＿＿＿＿＿＿＿＿＿＿＿＿＿＿＿＿＿＿＿＿＿＿＿＿＿＿＿＿＿＿＿

＿＿＿＿＿＿＿＿＿＿＿＿＿＿＿＿＿＿＿＿＿＿＿＿＿＿＿＿＿＿＿＿＿＿＿

＿＿＿＿＿＿＿＿＿＿＿＿＿＿＿＿＿＿＿＿＿＿＿＿＿＿＿＿＿＿＿＿＿＿＿

＿＿＿＿＿＿＿＿＿＿＿＿＿＿＿＿＿＿＿＿＿＿＿＿＿＿＿＿＿＿＿＿＿＿。

三 计划实施

(一) 安全注意事项及技能要点

1. 安全注意事项

(1) 作业前设置好安全隔离区。

(2) 规范断电。

(3) 验证确保高压已断电。

(4) 作业过程中严格遵守安全用电规范操作。

2. 技能要点

(1) 能独立设置标准的安全作业隔离区。

(2) 能规范对新能源汽车进行高压断电并验电。

(3) 能说出新能源汽车充电系统的结构名称及工作原理。

(4) 能描述慢充与快充的区别和特点。

(5) 能规范完成对新能源汽车充电系统进行基本检查。

检查慢充及快充充电口

（二）新能源汽车充电系统基本检查

新能源汽车充电系统基本检查的操作方法及说明见表 3-5。

新能源汽车充电系统基本检查的操作方法及说明　　表 3-5

步骤	操作方法及说明	质量标准及记录
检查实训场地环境	（1）设置隔离栏； （2）放置安全警示牌； （3）检查灭火器； （4）实训的其他相关工具设备齐全 	□正确设置隔离栏 □正确放置安全警示牌 □正确检查灭火器 □相关工具设备准备齐全
检查充电枪	（1）检查确认充电枪无明显的外观破损，如裂痕、变形等，连接线完好，插头和插座无松动，电源线无裸露现象等； （2）检测充电枪的电气参数，包括电压、电流、功率等； （3）打开电源，检查确认充电枪的控制电路和继电器正常工作； （4）使用漏电开关对充电枪和电动汽车的电路进行检测； （5）使用专用仪器对充电枪进行测试，确认车辆无过压保护、过温保护和过流保护 	□正确检测充电枪的外观 □正确检测充电枪的电气性能 □正确检测充电枪的安全性能

步骤	操作方法及说明	质量标准及记录
检查外部电源供电	检测外部交流供电电压为220V 	□正确检测外部交流供电电压
执行高压下电	(1)断开辅助蓄电池负极,用绝缘胶带包好辅助蓄电池负极极柱; (2)佩戴绝缘手套,断开直流母线,用密封胶带或束口袋包好; (3)静止车辆5min; (4)直流母线验电 	□正确断开蓄电池负极并在负极缠上胶布 □正确断开直流母线 □完成直流母线验电
	脱开维修开关锁舌并锁止 	□正确脱开维修开关锁舌 □正确锁止维修开关

步骤	操作方法及说明	质量标准及记录
检查充电系统各部件	检查慢充充电口外观无腐蚀、损坏、无裂纹,密封圈安装正常 	□正确检查充电口外观
	(1)检查快充充电口外观无腐蚀、损坏、无裂纹,密封圈安装正常; (2)用500V及以上量程兆欧表,测量直流充电插座 DC -、DC + 分别对 PE 的绝缘阻值,要求绝缘阻值大于20MΩ 	□正确检查充电口外观 □正确检测直流充电插座绝缘性能
	(1)检查三合一是否有明显碰撞痕迹,外壳是否有破损; (2)检查三合一连接线束是否有破损、裂缝,线束连接是否牢固; (3)检查三合一紧固螺丝是否锈蚀,紧固螺丝紧固力矩是否足够 	□正确检查外壳 □正确检查线束 □正确检查紧固螺栓

步骤	操作方法及说明	质量标准及记录
检查充电系统各部件	检查相关低压线束是否完整,是否连接到位 	□正确检查低压线束检
	检查相关高压线束表面无脏污、烧蚀、油液、裂纹等,连接完好 	□正确检查高压线束
车辆验证	接上负极,安装维修开关锁舌,车辆上电 	□负极紧固无松脱 □维修开关安装到位无松脱 □正确起动车辆 □正确检查 Ready 指示灯
	连接充电器给车辆充电,并确认车辆仪表上会显示"已连接充电桩",车辆正在充电 	□正确连接充电器 □正确检查车辆充电情况

四 评价反馈

评价内容见表3-6。

评价表 表3-6

评分项目	评分标准	分值	得分
学习目标	能明确本任务的知识、技能、素养目标,理解任务在工作中的重要程度	5	
工作任务分析	能清晰描述完成本次工作任务内容	2	
	能清晰描述完成本次工作任务需必备的技能与知识点	2	
有效信息获取	新能源汽车充电系统的组成	2	
	新能源汽车充电系统工作原理	2	
	新能源汽车充电方法	2	
	新能源汽车进行充电时的注意事项	2	
	新能源汽车充电步骤	2	
实施方案制订	能清晰地制订并填写本次新能源汽车动力总成的更换作业计划	3	
	能组织或协同工作小组成员,明确本次任务所需仪器设备、工具、材料的准备与清点,并准备记录	2	
	能组织或协同工作小组成员交流,优化检查方案并记录	5	
任务实施	检查实训场地环境	10	
	检查充电枪	10	
	外部电源供电检查	10	
	执行高压下电	10	
	检查充电系统各部件	10	
	车辆验证	5	
任务评价	能通过本次任务实施,结合自己在实训过程中的表现,进行自我评价及自我反思并记录	3	
职业素养	按规定时间完成项目作业	2	
	遵守实训室管理规定、劳动纪律	2	
	积极参与课堂活动、回答问题	2	
	能够按时出勤	2	
思政要求	能积极参与小组讨论,发挥团队合作精神;具有较强的安全意识、责任意识;遵守劳动纪律,以积极的态度接受工作任务;学习过程遵循"8S"管理规定	5	
总计		100	

续上表

改进建议：
教师签字： 日期：

学习活动2　新能源汽车充电系统检测

一　明确任务

根据任务描述,某新能源汽车无法充电,经检测,需对新能源汽车充电系统的三合一、充电枪、充电插座、充电低压电路部件进行检查与更换,使其恢复正常使用性能。

二　工作准备与计划制订

(一)知识准备

1. 三合一电路原理图及电路分析

以吉利几何 G6 车型电路图为例,查阅维修手册,根据图 3-17 的三合一电路原理图,查看并绘制电路原理图。

电路图中的低压线束端子是控制电压线路的通断的,三合一通过低压线路对高压线的控制,从而给动力蓄电池充电和从动力蓄电池输出高压直流电到车上各高压部件。

2. 三合一低压线束接口

部分新能源汽车的车载充电机是单独存在的,如图 3-18 所示,北汽 EV160 车载充电器有三个接口,分别是_____、_____与_____。为了节省空间,现在市面上许多的新能源汽车,采用三合一集成的方式,即_____、_____、_____深度集

成。吉利几何 G6 新能源汽车就是配装三合一充电系统的,如图 3-19 所示,三合一上
有_____个接口,分别为_____、_____、_____、_____、
_____等。汽车三合一低压通信接口与低压电源电路连接,并通过 CAN 通信线与
BMS、VCU 等车上控制模块进行信息传递。交流输入接口通过慢充线与充电枪连接,
220V 交流市电由此输入;输出接口通过高压线束与高压盒连接,车载充电器将 220V
交流市电转换成 330V 直流电后,通过高压盒,以 9A 左右的电流,给动力蓄电池进行慢
速充电。

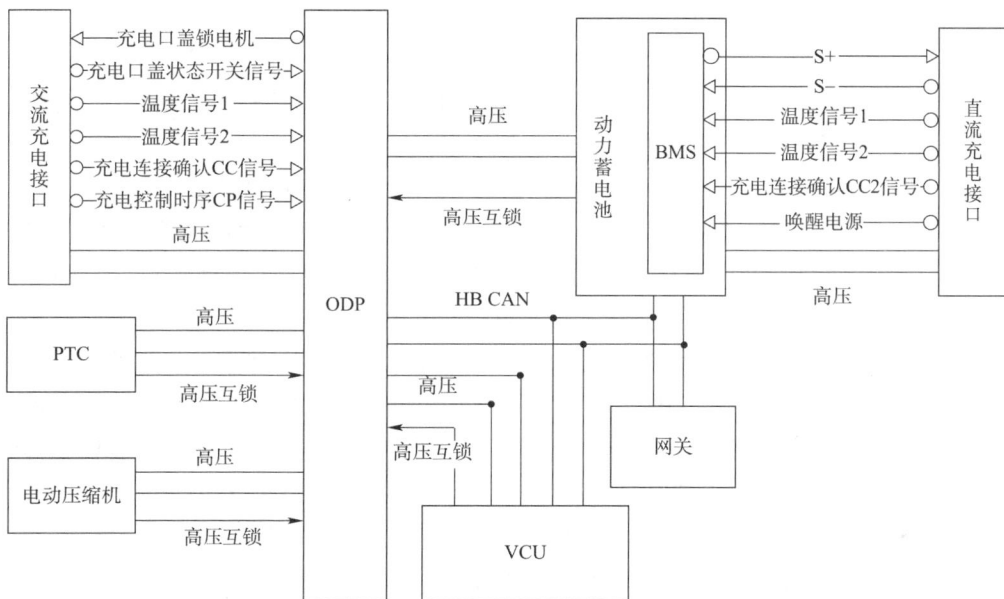

图 3-17　三合一电路原理图

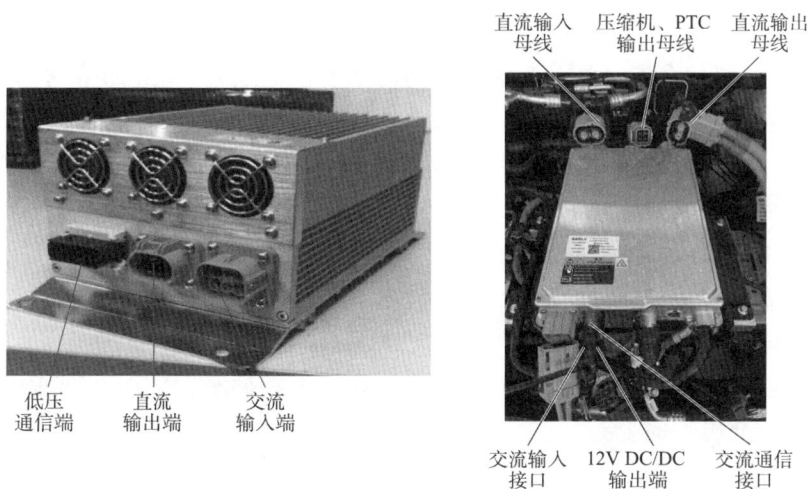

图 3-18　北汽 EV160 车载充电机

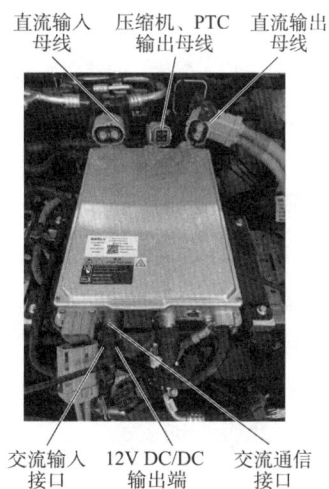

图 3-19　三合一接口

三合一上面的交流输入接口和直流输入接口分别连接车辆的交流充电口和直流充电口。充电时,根据选择的充电类型,连接交流充电插头或者直流充电插头到相应的充电插座,连接正确后开始充电。充电口连接后形成检测回路,当出现连接故障时,系统可以检测该故障。慢充口适用于纯电动汽车传导充电。慢充线束是连接慢充口与车载充电机之间的线束,其作用是将慢充桩输入的 220V 交流电输送到车载充电机。

纯电动汽车快充口与快充线束连接,不同车型的快充口位置有所不同。当快充枪插入快充口时,仪表充电指示灯应常亮;当快充枪拔出快充口时,仪表充电指示灯应熄灭。快充线束是连接快充口与动力蓄电池包之间的线束。

3. 充电通信协议

充电桩与电动汽车_____之间的差异是目前充电不成功的最主要原因,解释这个问题需要对交流充电与直流充电的基本原理及过程有所了解。

交流充电的过程是交流电源通过充电桩—车载充电器(转换成直流)—_____进行传输,从车辆的设计角度来说,不存在充电桩与车辆之间的通信关系。通俗来讲,交流充电桩就是一个功率稍大的插座,不存在充电桩与车辆通信协议的对接,因此如果是交流充电理论上所有车型都是可以充电的。

直流充电的过程是直流电通过充电桩——动力蓄电池进行传输,中间省去了车载充电器的环节,这就需要充电桩与车辆_____或_____进行通信,《电动汽车传导充电用连接装置》上规定了通过 CAN 总线方式,以充电报文的形式对充电过程进行数据传输以及控制,其中直流接口上 S + 、S – 两个端子就是用作充电通信的,另外《电动汽车传导充电用连接装置》还对通信协议相关内容进行了规定。实际应用中,充电设备商和汽车整车制造厂会有各自的充电协议,虽然都是符合国标规定,但还是会带有各自的"特色",如果没有事先进行通信协议的对接,会出现无法充电的情况。

对于充电设施运营商而言,目前电动汽车只有通过车辆认证并在直流桩上充电后,才够实现对整车状态、电池状态、充电桩的状态进行智能监控的功能,发挥其运维作用,因此需要用户在充电前对车辆信息进行人网认证,这样充电设备才能够正常识别用户车辆。

对于用户而言,只有自己的车纳入运营商的充电服务网络内才可以正常充电,否则就只能自己想办法解决充电问题,这就是有的运营商让用户办理充电卡,并且提倡一车一卡绑定的原因。

4. 供电装置和连接方式

车辆充电连接常用的三种方式如图 3-20 所示。

(1)纯电动汽车便携式充电装置三相端接家用三相插座,另一端接车辆慢充口,可进行车辆慢充充电功能。

(2)采用交流充电桩给车辆进行充电,俗称"慢充"。慢充桩是采用有线传输方式为具有车载充电机的纯电动汽车提供交流电能,提供人机操作界面和交流充电接口,并具备相应保护功能的专用装置。慢充应用在各种大、中、小型纯电动汽车充电站,其特点是充电功率_____,充电时间_____。家用交流电源是固定安装在社区停车场、居民小区、家用停车库等场所,接入电网为电动汽车车载充电机提供可控的单向交流电源或三相交流电源的供电装置。它本身并不具备充电功能,只是单纯提供电力输出,还需要连接纯电动汽车的车载充电机,方可起到为纯电动汽车蓄电池充电的作用。

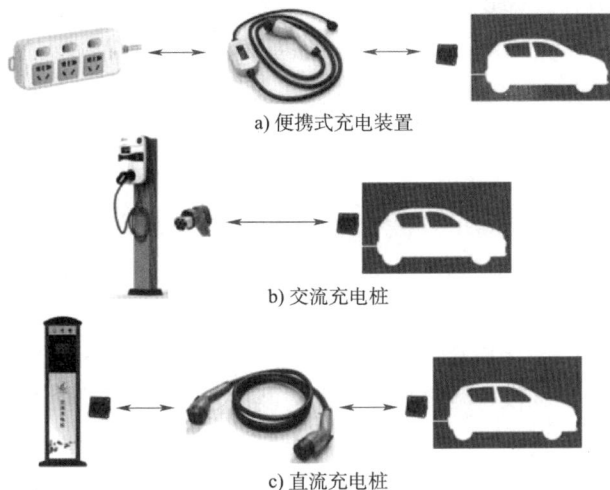

a) 便携式充电装置

b) 交流充电桩

c) 直流充电桩

图 3-20　车辆充电连接常用的三种方式

(3)采用直流充电桩对车辆进行充电,俗称"快充",是固定安装在车辆外部,与动力交流电网连接,可以直接为电动汽车或已经拆卸下来的动力蓄电池提供直流电源的供电装置。直流充电桩的输入电源采用三相四线380V交流电,频率为50H,输出为可调直流电,直接(不经过车载充电器)为电动汽车的动力蓄电池充电。

5.便携式充电装置和高压部件及连接线束

(1)便携式充电装置。

便携式充电装置(即家用随车充电接口)随车配备,用于家用随车充电包交流充电(应急充电)。家用随车充电接口由以下部件组成,如图 3-21 所示,由_____、_____、_____、_____组成。充电枪指示灯可以通过不同的显示状态反映当前的充电信息。

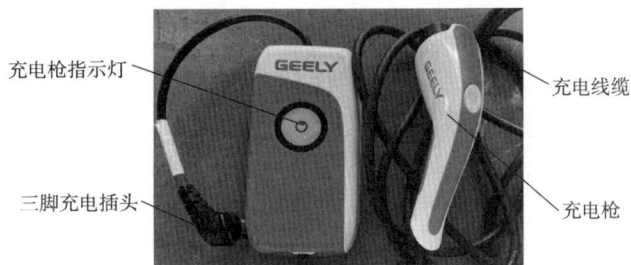

图 3-21　便携式充电装置

判断交流充电枪的好坏可以从电气性能测试方面入手。以吉利车辆便携式充电装置为例,在没有接上连接电源之前,对 CC—PE 引脚间电阻检测,应为 680Ω 左右。不同品牌和型号的充电枪,其正常电阻范围可能有所差异,需参考对应产品的技术手册。若测量值与标准值相差较大,表示充电枪内部电路可能存在故障。接上电源后,充电枪电源指示灯应常亮,对 CP—PE 引脚间电压进行检测,正常情况下应为 12V 左右。

(2)高压部件及连接线束。

新能源汽车上的高压电压一般为 300V 以上,请勿在高压电未断开的情况下裸手触碰高压部件。车辆的高压部件一般包括:_____、高压配电装置、_____、高压主线缆、快充充电插头、快充充电插座、_____、_____、慢充充电插座、慢充充电插头、电动压缩机、电动加热器等。这些高压部件由高压线束连接起来,高压线束表皮为黄色或橙黄色,严禁私自拆卸前舱内的高压线束和高压零部件。如果需要接触任何高压线缆或部件时,请穿戴耐电压 1000V 以上的绝缘防护衣物(包括绝缘手套、绝缘鞋、绝缘服)。

高压线束的检查一般是检查分线盒高压线束连接器是否松动,内部是否有锈蚀的迹象。用万用表及绝缘测试仪检测高压线束的通断性和绝缘情况,从而判断线束的好坏。

(二)工作方案制订

1.任务分工

学生任务分配见表3-7。

学生任务分配表 表3-7

班级		组号		指导老师	
组长		任务分工			
组员 1		任务分工			
组员 2		任务分工			
组员 3		任务分工			
组员 4		任务分工			
组员 5		任务分工			
组员 6		任务分工			

2.工量具、仪器设备与耗材准备

(1)使用的工量具有:_____。

(2)使用的仪器设备有:_____。

(3)使用的耗材有:_____。

3.具体方案描述

＿＿＿
＿＿＿
＿＿＿＿＿＿＿＿＿＿＿＿＿＿＿＿＿＿＿＿＿＿＿＿＿＿＿＿＿＿＿＿＿＿＿＿＿＿＿。

三 计划实施

(一)安全注意事项及技能要点

1. 安全注意事项

对纯电动汽车进行高压安全检查时,必须遵守以下操作规范:

(1)未经过高压安全培训的维修人员,不允许对高压部件进行维护。

(2)车辆高电压或高温处均有警告标识,严格按照标识要求操作。

(3)车辆在充电过程中不允许对高压部件进行移除、维护等工作。

(4)对高压部件进行作业前,必须确认车辆钥匙处于 LOCK 挡位,并将 12V 电源断开。

(5)高压部件打开后或插头断开后,使用万用表对其电压进行测量,确保电压在 36V 以下才可以进行下一步的操作。

(6)车辆维修时,不可湿润车辆或带水操作。

(7)车辆拆装时,不可同时操作正负极。

(8)禁止正负对接,避免正极或负极经人体对地。

(9)拆开的高压线接口要进行绝缘处理。

(10)执行双人操作,做到一人操作,一人监护。

2. 技能要点

(1)能正确规范使用万用表、绝缘电阻测试仪、接地电阻等检测仪器。

(2)能说出慢充、快充充电口的端子定义名称。

(3)能绘制充电系统电路图并说出工作原理。

(4)能描述慢充与快充的区别和特点。

(5)能规范完成对新能源汽车充电系统进行检测并判断好坏。

(二)新能源汽车充电系统检测

1. 车载充电机的拆装及检测

车载充电机的拆装及检测操作方法及说明见表3-8。

车载充电机的拆装及检测操作方法及说明 表3-8

步骤	操作方法及说明	质量标准及记录
检查实训场地环境	(1)设置隔离栏; (2)放置安全警示牌;	□正确设置隔离栏 □正确放置安全警示牌

步骤	操作方法及说明	质量标准及记录
检查实训场地环境	（3）检查灭火器； （4）实训的其他相关工具设备齐全 	□正确检查灭火器 □相关工具设备准备齐全
执行高压下电	断开辅助蓄电池负极，并缠上胶布 	□正确断开辅助蓄电池负极 □辅助蓄电池负极缠上胶布
	（1）佩戴绝缘手套，断开直流母线，用密封胶带或束口袋包好； （2）静止车辆5min； （3）直流母线验电 	□正确断开蓄电池负极并在负极缠上胶布 □正确断开直流母线 □完成直流母线验电

步骤	操作方法及说明	质量标准及记录
排放冷却液	（1）排放冷却液，用干净的量杯收集好，做好车载充电机拆卸前的准备； （2）实训操作冷却液循环利用 	□正确排放冷却液 □遵循实训操作流程
拆卸车载充电机	（1）断开连接车载充电机的低压线束； （2）做好绝缘防护 	□正确断开连接车载充电机的低压线束 □正确进行绝缘防护
	（1）佩戴绝缘手套，拆卸车载充电器的高压连接线； （2）操作时候要求一人操作一人在旁边进行安全监护 	□正确佩戴防护用具 □遵循一人操作一人监督原则

续上表

步骤	操作方法及说明	质量标准及记录
拆卸车载充电机	（1）使用绝缘拆卸工具拆卸车载充电器固定螺栓； （2）严格按照对角原则拆卸螺栓； （3）拆下的螺栓做好保管和归类放置，防止螺栓遗失	□选择合适的工具套筒 □按照对角原则拆卸螺栓 □螺栓归类放置、齐全
	平稳取下车载充电机，倒出车载充电机内参与的冷却液，并存放好 	□车载充电机内残余冷却液无流出 □高低压线束接头无弄湿
检测车载充电机	（1）绝缘电阻测试仪表选用500V及以上量程； （2）检测对车载充电机的交流高压连接头L，对车载充电机壳体绝缘阻值大于20MΩ进行检测 	□正确选择绝缘电阻测试仪表挡位 □正确检测对车载充电机的交流高压连接头L，对车载充电机壳体绝缘性能进行检测

续上表

步骤	操作方法及说明	质量标准及记录
检测车载充电机	(1)绝缘电阻测试仪表选用 500V 及以上量程； (2)检测连接头 N 对车载充电机壳体绝缘阻值大于 20MΩ 	□正确选择绝缘电阻测试仪表挡位 □正确检测连接头 N 对车载充电机壳体绝缘性能
	(1)绝缘电阻测试仪表选用 500V 及以上量程； (2)检测车载充电机直流母线端子 HV + 对 ODP 壳体绝缘阻值大于 20MΩ 	□正确选择绝缘电阻测试仪表挡位 □正确检测车载充电机直流母线端子 HV + 对 ODP 壳体绝缘性能
	(1)绝缘电阻测试仪表选用 500V 及以上量程； (2)检测车载充电机直流母线端子 HV – 对 ODP 壳体绝缘阻值大于 20MΩ 	□正确选择绝缘电阻测试仪表挡位 □正确检测车载充电机直流母线端子 HV – 对 ODP 壳体绝缘性能

步骤	操作方法及说明	质量标准及记录
检测车载充电机	（1）绝缘电阻测试仪表选用500V及以上量程； （2）检测车载充电机 PTC 端子 HV + 对 OD 壳体绝缘阻值大于 20MΩ 	□正确选择绝缘电阻测试仪表挡位 □正确检测车载充电机 PTC 端子 HV + 对 ODP 壳体绝缘性能
	（1）绝缘电阻测试仪表选用500V及以上量程； （2）检测车载充电机 PTC 端子 HV – 对 ODP 壳体绝缘阻值大于 20MΩ 	□正确选择绝缘电阻测试仪表挡位 □正确检测车载充电机 PTC 端子 HV – 对 ODP 壳体绝缘性能
	（1）绝缘电阻测试仪表选用500V及以上量程； （2）检测车载充电机空调压缩机端子 HV + 对 ODP 壳体绝缘阻值大于 20MΩ 	□正确选择绝缘电阻测试仪表挡位 □正确检测车载充电机空调压缩机端子 HV + 对 ODP 壳体绝缘性能

步骤	操作方法及说明	质量标准及记录
检测车载充电机	(1)绝缘电阻测试仪表选用 500V 及以上量程； (2)检测车载充电机空调压缩机端子 HV－对 ODP 壳体绝缘阻值大于 20MΩ 	☐正确选择绝缘电阻测试仪表挡位 ☐正确检测车载充电机空调压缩机端子 HV－对 ODP 壳体绝缘性能
安装车载充电机	(1)安装车载充电机； (2)安装所有的高低压线束及冷却液管路 	☐正确安装车载充电机 ☐正确安装所有的高低压线束及冷却液管路
车辆验证	(1)起动车辆确保车辆能正常上电； (2)插上充电枪,确保车辆一切正常 	☐正确起动车辆 ☐正确进行车辆充电

2. 交流充电口检测

交流充电口检测操作方法及说明见表3-9。

交流充电口检测操作方法及说明　　　　　　　　　　表3-9

步骤	操作方法及说明	质量标准及记录
检查交流充电口	检查交流充电口打开锁止正常,无异物无裂纹、无烧蚀,端子标识清晰 	□正确检查交流充电口
检测交流充电口	测量 CC 上电时对地电压为 DC3.3V 左右 	□正确测量 CC 上电时对地电压
	测量 CP 上电时对地电压为 DC0V 左右 	□正确测量 CP 上电时对地电压

步骤	操作方法及说明	质量标准及记录
检测交流充电口	测量 PE 上电时对地电压为 AC0V 	□正确测量 PE 上电时对地电压
	测量 N 上电时对地电压为 AC0V 	□正确测量 N 上电时对地电压
	(1)断开高压电,关闭点火开关; (2)开关松开; (3)测量 CC 与 PE 的电阻(交流充电枪)为 680Ω	□正确下电 □正确测量 CC 与 PE 的电阻
	(1)断开高压电,关闭点火开关; (2)开关压下; (3)CC 与 PE 的电阻(交流充电枪)为无穷大	□正确下电 □正确测量 CC 与 PE 的电阻

3.直流充电口检测

直流充电口检测操作方法及说明见表3-10。

直流充电口检测操作方法及说明　　　　　　　　　　表3-10

步骤	操作方法及说明	质量标准及记录
检查直流充电口外观	检查交流口打开锁止正常,无异物无裂纹、无烧蚀,端子标识清晰	□正确检查交流口

步骤	操作方法及说明	质量标准及记录
检查直流 充电口外观		
检测直流充电口	测量 DC – 上电时对地电压 	□正确测量 DC – 上电时 对地电压
	测量 DC + 上电时对地电压 	□正确测量 DC + 上电时 对地电压
	测量 PE 上电时对地电压 	□正确测量 PE 上电时 对地电压

续上表

步骤	操作方法及说明	质量标准及记录
检测直流充电口	测量 A – 上电时对地电压 	□正确测量 A – 上电时对地电压
	测量 A + 上电时对地电压 	□正确测量 A + 上电时对地电压
	测量 CC1 上电时对地电压 	□正确测量 CC1 上电时对地电压
	测量 CC2 上电时对地电压 	□正确测量 CC2 上电时对地电压

步骤	操作方法及说明	质量标准及记录
检测直流充电口	测量 S + 电时对地电压	□ 正确测量 S + 电时对地电压
	(1)断开高压电,关闭点火开关; (2)测量 S – 上电时对地电压	□ 正确下电 □ 正确测量 S – 上电时对地电压
	测量 CC1 与 PE 的电阻为 1kΩ 左右	□ 正确测量 CC1 与 PE 的电阻
	(1)断开高压电,关闭点火开关; (2)测量 CC2 与 PE 的电阻为 5kΩ 左右	□ 正确下电 □ 正确测量 CC2 与 PE 的电阻

4.高压线束检测

高压线束检测操作方法及说明见表3-11。

高压线束检测操作方法及说明　　　　　　　　　　　　　表3-11

步骤	操作方法及说明	质量标准及记录
检查实训场地环境	(1)设置隔离栏； (2)放置安全警示牌； (3)检查灭火器； (4)实训的其他相关工具设备齐全 	□正确设置隔离栏 □正确放置安全警示牌 □正确检查灭火器 □相关工具设备准备齐全
执行高压下电	断开辅助蓄电池负极,并缠上胶布 	□正确断开辅助蓄电池负极 □辅助蓄电池负极缠上胶布
	脱开维修开关锁舌并锁止 	□正确脱开维修开关锁舌 □正确锁止维修开关

步骤	操作方法及说明	质量标准及记录
检测充电系统	（1）佩戴绝缘手套,断开直流母线,用密封胶带或束口袋包好; （2）静止车辆5min; （3）直流母线验电 	□正确断开直流母线 □正确测量高压连接器两端正极对地、负极对地及正负极之间的电压值
	断开交流充电插座连接器 BA24a 和 ODP 线束连接器 BA27a 	□正确断开连接器 BA24a 和 BA27a
	测量 BA24a/1 与 BA27a/1 间电阻值,标准数据：<1Ω 	□正确测量 BA24a/1 与 BA27a/1 间电阻值

步骤	操作方法及说明	质量标准及记录
检测充电系统	测量 BA24a/4 与 BA27a/2 间电阻值,标准数据:<1Ω 	□正确测量 BA24a/4 与 BA27a/2 间电阻值
	测量 BA24a/5 与 BA27a/3 间电阻值,标准数据:<1Ω 	□正确测量 BA24a/5 与 BA27a/3 间电阻值
	测量 BA27a/1 与 BA27a/2 间电阻值,标准数据:≥10kΩ 	□正确测量 BA27a/1 与 BA27a/2 间电阻值
	测量 BA27a/1 与 BA27a/3 间电阻值,标准数据:≥10kΩ 	□正确测量 BA27a/1 与 BA27a/3 间电阻值

步骤	操作方法及说明	质量标准及记录
检测充电系统	测量 BA27a/2 与 BA27a/3 间电阻值,标准数据:≥10kΩ 	□正确测量 BA27a/2 与 BA27a/3 间电阻值
	测量 BA27a/1 与车身搭铁电阻值,标准数据:≥20kΩ 	□正确测量 BA27a/1 与车身搭铁电阻值
	测量 BA27a/2 与车身搭铁电阻值,标准数据:≥20kΩ 	□正确测量 BA27a/2 与车身搭铁电阻值
	测量 BA27a/3 与车身搭铁电阻值,标准数据:≥20kΩ;以上数据在标准范围内为线束正常,否则更换线束 	□正确测量 BA27a/3 与车身搭铁电阻值

步骤	操作方法及说明	质量标准及记录
检测充电系统	（1）连接 BA27a； （2）连接直流母线连接器； （3）连接蓄电池负极； （4）连接维修开关； （5）连接好线束，并高压上电 	□正确连接 BA27a □正确连接直流母线连接器 □正确连接蓄电池负极 □正确连接维修开关 □正确连接好线束，并高压上电

四 评价反馈

评价内容见表 3-12。

评价表　　　　　　　　　　　　　　　　　　表 3-12

评分项目	评分标准	分值	得分
学习目标	能明确本任务的知识、技能、素养目标，理解任务在工作中的重要程度	5	
工作任务分析	能清晰描述完成本次工作任务内容	2	
	能清晰描述完成本次工作任务需必备的技能与知识点	2	
有效信息获取	三合一电路原理图及电路分析	3	
	三合一低压线束接口	3	
	充电通信协议	3	
	供电装置和连接方式	3	
	便携式充电装置和高压部件及连接线束	3	
实施方案制订	能清晰地制订并填写本次新能源汽车新能源汽车充电系统检测的准备作业计划	5	
	能组织或协同工作小组成员，明确本次任务所需仪器设备、工具、材料的准备与清点，并准备记录	5	
	能组织或协同工作小组成员交流，优化检查方案并记录	5	

评分项目	评分标准	分值	得分
任务实施	检查实训场地环境	2	
	执行高压下电	4	
	排放冷却液	2	
	拆卸车载充电机	6	
	检测车载充电机	7	
	车辆验证	2	
	检查交流充电口外观	2	
	检测交流充电口	4	
	检查直流充电口外观	2	
	检测直流充电口	4	
	检查实训场地环境	2	
	执行高压下电	4	
	检测充电系统	4	
任务评价	能通过本次任务实施,结合自己在实训过程中的表现,进行自我评价及自我反思并记录	3	
职业素养	按规定时间完成项目作业	2	
	遵守实训室管理规定、劳动纪律	2	
	积极参与课堂活动、回答问题	2	
	能够按时出勤	2	
思政要求	能积极参与小组讨论,发挥团队合作精神;具有较强的安全意识、责任意识;遵守劳动纪律,以积极的态度接受工作任务;学习过程遵循"8S"管理规定	5	
总计		100	

改进建议:

教师签字:

日期:

学习活动3　新能源汽车交流无法充电故障检修

一 明确任务

根据任务描述,某新能源汽车无法充电,经检测,需要对充电系统进行检查与更换,使其恢复正常使用性能。

二 工作准备与计划制订

(一)知识准备

1.新能源汽车交流充电的工作原理

纯电动汽车充电系统低压部分主要是用于低压供电及控制信号。12V 蓄电池供充电过程中的 BMS、VCU、仪表等低压用电,BMS 通过 CAN 通信控制车载充电器工作状态。通过使能方式控制 DC/DC 变换器开关,提供 12V 电源给整车低压系统用电。

1)组成及工作原理

在慢充模式下,充电系统主要由供电设备(充电桩)、_____、车载充电器(充电机)、_____、_____、_____(VCU)、_____和_____等组成。VCU 被 OBC 唤醒,当接收到 OBC 发出的交流充电连接确认信号(CC、CP)、BMS 发出的高压互锁状态为闭合、SOC < 100% 以及车辆 EPB 或 P 挡锁止信号时,向 BMS 发送充电允许信号,然后 BMS 同时闭合主正继电器以及主负继电器,开始充电。充电开始后,当 OBC 接收到 VCU 的交流充电命令后内部 DC/DC 开始工作为蓄电池充电。充电完成后 VCU 停止 DC/DC 工作,然后向 BMS 发送断开主继电器命令,充电结束。交流充电流量传递路线如图 3-22 所示。

交流慢充的连接充电过程是一个_____(CC 信号)与_____(CP 信号)的过程。如图 3-23 所示为随车充电线与车载交流系统的连接电路原理图。

充电枪的连接是通过_____(充电机)反馈到整车控制器,再唤醒_____连接状态(负触发);充电机同时唤醒整车控制器和动力蓄电池管理模块(正触发),整车控制器唤醒仪表启动,显示充电状态(负触发);正、负主继电器由整车控制器发出指令,由动力蓄电池管理模块控制闭合。

图 3-23 所示状态为电源插头与车辆上的充电插座插合后的状态。完成插头、插座连接后,车辆处于不可行驶状态。整车控制器检查_____的电压,以确认插头、插座是否连接完好。向下闭合 S,电源上的 PWM 发生器发出调制脉冲信号,整车控制器

检测到检测点2收到PWM信号后,充电设备连接完成。车载充电机通过输出端的"充电请求信号",向整车控制器发送"充电请求信号",整车控制器判断蓄电池状态为可以充电状态,则向车载充电机发送充电报文,车载充电机通过低压电源口向整车控制器供电。充电电流阈值设置完毕后,闭合慢充回路继电器,开始充电过程。在此过程中,整车控制器随时检查检测点3的状态,周期性确认插头、插座连接状态是否完好;电源侧检查_____,确认连接状态是否完好。

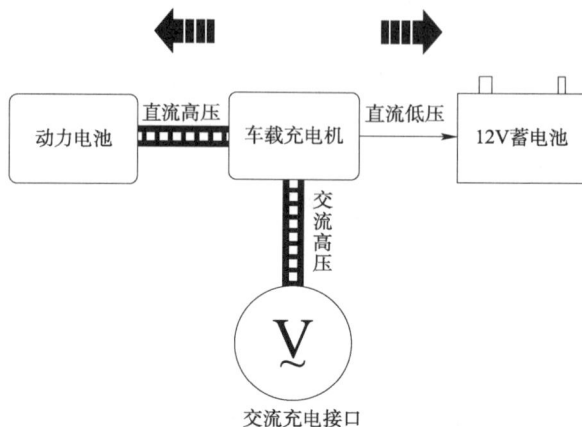

图 3-22　交流充电流量传递路线图

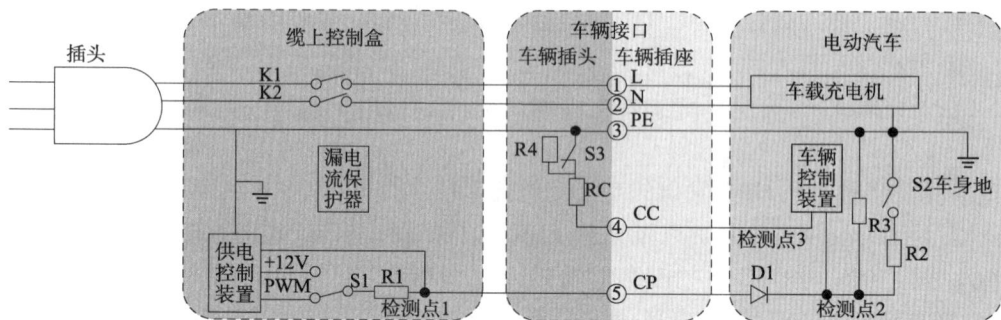

图 3-23　随车充电线与车载交流系统的连接电路原理图

慢充系统的工作原理:

如上图3-23所示,当纯电动汽车和慢充桩建立电气连接后,车辆控制装置通过判断检测点2的PWM信号占空比来确认供电设备的最大可供电能力,并且通过判断电阻值来确认电缆的额定容量。车辆控制装置对慢充桩当前提供的最大供电电流值、车载充电机的额定输入电流值及电缆的额定容量进行比较,将其中的_____设定为车载充电机当前最大允许输入电流,当设置完成后,车载充电机开始对纯电动汽车进行充电。

慢充系统的工作过程具体分为以下几个阶段。

(1)交流供电。将充电枪连接到交流充电桩(或家用16A供电插座),快充向纯电动汽车输入交流电。

(2)充电唤醒。充电枪通过 CC 连接确认信号后,车载充电机通过硬线向整车控制器、电池管理系统发出充电唤醒信号、连接确认信号。整车控制器唤醒仪表显示连接状态。

(3)动力蓄电池系统检测充电需求。动力蓄电池管理系统首先检测动力蓄电池有无充电需求,计算需要的充电电流。

(4)动力蓄电池系统发送充电指令。检测完毕后,_____将充电指令发送给车载充电机,由整车控制器发出指令,并由动力蓄电池管理模块控制闭合动力蓄电池正、负主继电器,开始充电。

(5)充电过程。车载充电机开始工作,将外部供电设备提供的 220V 交流电转换为动力蓄电池的高压直流电储存到动力蓄电池内。

(6)停止充电。当动力蓄电池管理系统检测到充电完成后,发送指令给车载充电机,此时,车载充电机停止工作,动力蓄电池组件断开继电器。

2)充电控制过程

(1)充电枪连接确认后(CC 信号),交流供电。

(2)充电唤醒(CP 信号)。

(3)BMS 检测充电需求。

(4)BMS 给车载充电器(充电机)发送工作指令并闭合继电器。

(5)车载充电器开始工作,进行充电。

(6)BMS 检测电池充电完成后,给车载充电器发送停止指令。

(7)车载充电器停止工作。

(8)BMS 断开继电器。

3)充电条件要求

(1)充电线连接确认信号(CC)正常。

(2)车载充电器供电电源(含 220V 和 12V)及充电器工作正常。

(3)充电唤醒信号(CP)输出正常(12V)。

(4)车载充电器、VCU、BMS 之间通信正常(主继电器闭合、发送电流强度需求)。

(5)动力蓄电池单体蓄电池(电芯)温度大于 0℃并且小于 45℃。

(6)单体蓄电池最高电压与最低电压差小于 0.3V。

(7)单体蓄电池最高温度与最低温度差小于 15℃。

(8)绝缘性能大于 20MΩ。

(9)实际单体蓄电池最高电压不大于额定单体蓄电池电压 0.4V。

(10)高、低压电路连接正常。

车载充电器的电路如图 3-24 所示,慢充口上的 CC、CP 针脚分别为 _____、_____。CC 针脚有 12V 常电,当车辆接上充电枪时,CC 针脚通过充电枪与 CP 针脚相接,车辆钥匙旋至 ON 档时,仪表充电连接指示灯、动力蓄电池断开指示灯点亮,意味着车辆充电模式优先行驶模式。11#针脚与 VCU 连接,为充电连接确认信号线。当车辆

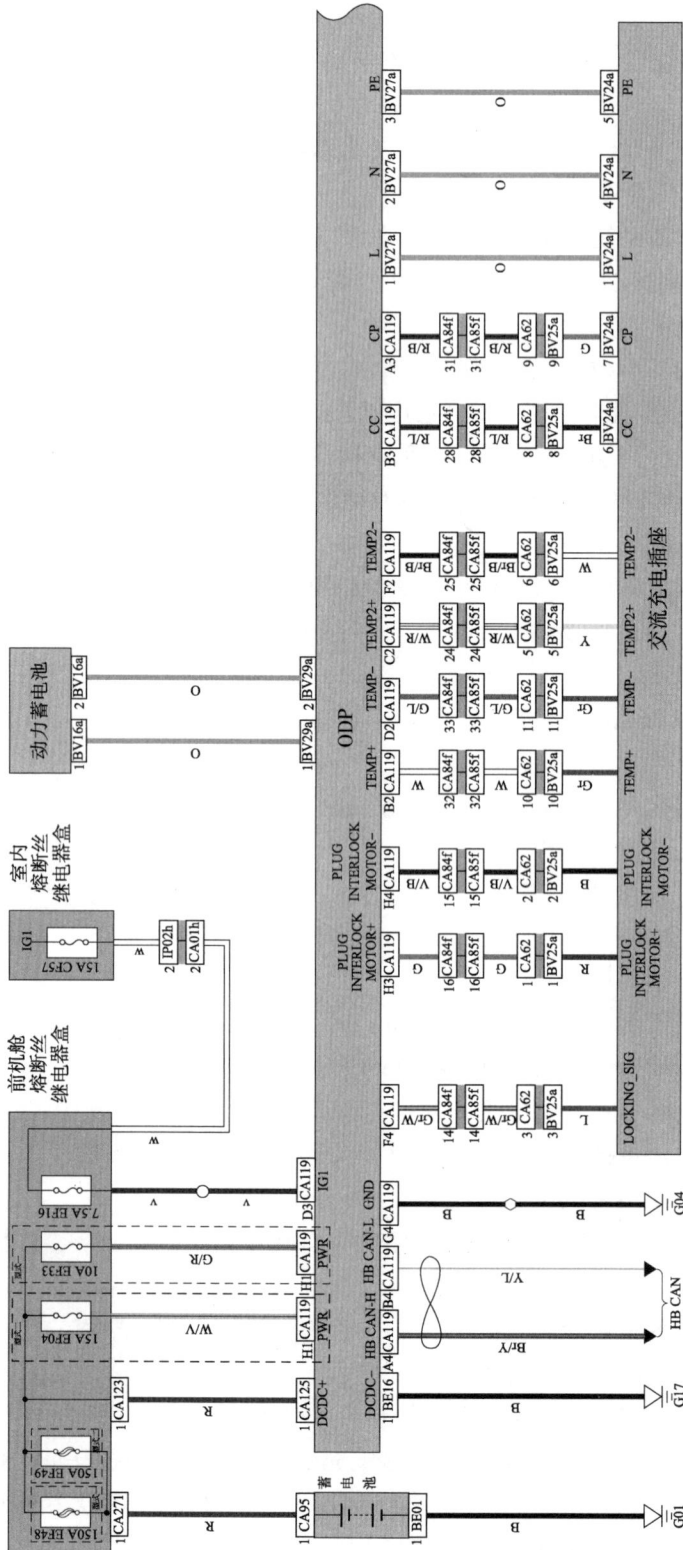

图3-24　交流充电电路图

没有连接充电枪时,此信号线为高电位;当连接上充电枪后,此信号线为低电位。15#针脚与 VCU 连接,为慢充唤醒信号。此信号线为 VCU 对车载充电器的 12V 唤醒信号线。当车辆连接充电枪并接通 220V 交流市电时,此信号线为 12V。

2.新能源汽车充电系统常见故障及分析

(1)车辆充电异常是指电动车正确连接充电枪或充电桩后不能正确对车辆进行充电。车辆充电异常故障现象可以分为三类:_____、_____和_____。

(2)车辆不能正常充电的原因主要有四个:_____、_____、_____、_____。

(3)当车辆充电异常时,首先进行车外的检查,主要是外部交流电源、交流充电桩、交流充电枪等是否故障,排除外围故障后,对车上充电插口、交流充电线、车载充电机、蓄电池、VCU 及 BMS 等进行检查。

交流充电常见故障及检修措施见表 3-13。

交流充电常见故障 表 3-13

常见故障	检修措施
慢充口故障	(1)测量 CC-CP 电压; (2)插入充电线,拔下车载充电机线束连接器,测量 CC-PE 电阻; (3)测量充电口线路
车载充电机供电唤醒故障	(1)拔下车载充电机线束连接器,打开点火开关,测量车载充电机电压; (2)将车辆连接慢充桩,测量车载充电机唤醒信号; (3)测量车载充电机通信线路
车载充电机高压故障	(1)拆下动力蓄电池负极; (2)拆下高压控制盒; (3)测量车载充电机熔丝
常见故障症状	充电(高低压)线路故障,线路老化、松动、短路、断路,电缆损坏高压互锁故障,过压、欠压、过流、低温、过温通信故障,CAN 协议元器件本身故障

(二)制订工作方案

1.任务分工

学生任务分配见表 3-14。

学生任务分配表 表 3-14

班级		组号		指导老师	
组长		任务分工			
组员 1		任务分工			
组员 2		任务分工			

车载充电机高压故障检修

班级		组号		指导老师	
组员 3		任务分工			
组员 4		任务分工			
组员 5		任务分工			
组员 6		任务分工			

2. 工量具、仪器设备与耗材准备

(1)使用的工量具有：_____。

(2)使用的仪器设备有：_____。

(3)使用的耗材有：_____。

3. 具体方案描述

_____

_____

_____

_____

_____。

三 计划实施

(一)安全注意事项及技能要点

1. 安全注意事项

对纯电动汽车进行高压安全检查时，必须遵守以下操作规范：

(1)未经过高压安全培训的维修人员，不允许对高压部件进行维护。

(2)车辆高电压或高温处均有警告标识，严格按照标识要求操作。

(3)车辆在充电过程中不允许对高压部件进行移除、维护等工作。

(4)对高压部件进行作业前，必须确认车辆钥匙处于 LOCK 挡位，并将 12V 电源断开。

(5)高压部件打开后或插头断开后，使用万用表对其电压进行测量，确保电压在 36V 以下才可以进行下一步的操作。

(6)车辆维修时，不可湿润车辆或带水操作。

(7)车辆拆装时，不可同时操作正负极。

(8)禁止正负对接，避免正极或负极经人体对地。

(9)拆开的高压线接口要进行绝缘处理。

(10)执行双人操作，做到一人操作，一人监护。

2．技能要点

（1）能正确规范使用万用表、绝缘电阻测试仪、接地电阻等检测仪器。

（2）能绘制充电系统电路图并做分析。

（3）能说出充电系统常见故障有哪些。

（4）能完成对车辆交流无法充电故障进行故障诊断与排除。

（5）能规范完成对学习工作页进行填写。

（二）新能源汽车交流无法充电故障诊断与排除

新能源汽车交流无法充电故障诊断与排除操作方法及说明见表3-15。

新能源汽车交流无法充电故障诊断与排除操作方法及说明 　　表3-15

步骤	操作方法及说明	质量标准及记录
检查实训场地环境	（1）设置隔离栏； （2）放置安全警示牌； （3）检查灭火器； （4）实训的其他相关工具设备齐全 	□正确设置隔离栏 □正确放置安全警示牌 □正确检查灭火器 □相关工具设备准备齐全
检查充电系统	检查充电口无异物、无灼蚀 	□正确检查充电口
	检查充电枪插拔正常 	□正确连接充电枪

步骤	操作方法及说明	质量标准及记录
确认故障现象	检查充电指示灯未点亮 	□正确检查充电指示灯
	检查仪表无充电信息,确认车辆无法充电 	□正确检查仪表现象
检测充电系统	测量 CP(CA119/B3)与 GND 之间电压,标准数据:未连接充电枪时 0V;连接充电枪时 6~9V 	□正确测量 CP(CA119/B3)与 GND 之间电压
	断开充电枪,测量交流充电接口/CC 与 PE 之间电压,标准数据:未连接充电枪时 3~5V;连接充电枪时 1~2V 	□正确测量交流充电接口/CC 与 PE 之间电压

续上表

步骤	操作方法及说明	质量标准及记录
检测充电系统	测量充电枪接口/CP 与 PE 之间电压,标准数据:12V 	□正确测量充电枪接口/CP 与 PE 之间电压
	脱开维修开关锁舌并锁止 	□正确脱开维修开关锁舌 □正确锁止维修开关
	断开辅助蓄电池负极,并缠上胶布 	□正确断开辅助蓄电池负极 □辅助蓄电池负极缠上胶布
	测量交流充电接口/CP 与 ODP/CA119/B3 之间电阻,标准数据:<1Ω 	□正确测量交流充电接口/CP 与 ODP/CA119/B3 之间电阻

步骤	操作方法及说明	质量标准及记录
检测充电系统	测量 ODP/CA119/B3 与 CA84f/31 之间电阻,标准数据:<1Ω 	□ 正 确 测 量 ODP/CA119/B3 与 CA84f/31 之间电阻
	维修线路后验证 ODP/CA119/3 与 CA84f/31 之间电阻,标准数据:<1Ω 	□ 正 确 测 量 ODP/CA119/3 与 CA84f/31 之间电阻
车辆验证	使用充电枪给车辆充电 	□正确使用充电枪给车辆充电
	检查车辆充电情况 	□正确检查车辆充电情况

186

四 评价反馈

评价内容见表3-16。

评价表 表3-16

评分项目	评分标准	分值	得分
学习目标	能明确本任务的知识、技能、素养目标,理解任务在工作中的重要程度	5	
工作任务分析	能清晰描述完成本次工作任务内容	2	
	能清晰描述完成本次工作任务需必备的技能与知识点	2	
有效信息获取	新能源汽车交流充电的工作原理	5	
	新能源汽车交流充电系统电路图	5	
	新能源汽车充电系统常见故障及分析	5	
	新能源汽车交流无法充电的操作步骤	5	
实施方案制订	能清晰地制订并填写本次新能源汽车交流无法充电故障检修的准备作业计划	5	
	能组织或协同工作小组成员,明确本次任务所需仪器设备、工具、材料的准备与清点,并准备记录	5	
	能组织或协同工作小组成员交流,优化检查方案并记录	5	
任务实施	检查实训场地环境	8	
	检查充电系统	8	
	确认故障现象	10	
	检测充电系统	10	
	车辆验证	4	
任务评价	能通过本次任务实施,结合自己在实训过程中的表现,进行自我评价及自我反思并记录	3	
职业素养	按规定时间完成项目作业	2	
	遵守实训室管理规定、劳动纪律	2	
	积极参与课堂活动、回答问题	2	
	能够按时出勤	2	
思政要求	能积极参与小组讨论,发挥团队合作精神;具有较强的安全意识、责任意识;遵守劳动纪律,以积极的态度接受工作任务;学习过程遵循"8S"管理规定	5	
总计		100	

续上表

改进建议:
教师签字: 日期:

学习活动4　新能源汽车直流无法充电故障检修

一　明确任务

根据任务描述,某新能源汽车无法充电,经检测,需要对直流充电系统进行检查与更换,使其恢复正常使用性能。

二　工作准备与计划制订

(一)知识准备

1.新能源汽车快速充电的工作原理

(1)组成。

在快充(直流充电)模式下,充电系统主要由充电桩(直流快充桩)、_____、_____、_____、_____、_____和_____等组成。当充电枪连接到整车直流充电插座,直流充电设备向 BMS 发送充电唤醒信号,BMS 开始工作并进行自检,若自检无异常,同时 BMS 接收到充电连接确认信号以及充电报文,BMS 闭合快充继电器,主负继电器,开始充电。充电完成后,BMS 向充电桩发送充电停止指令,待充电桩停止充电后,BMS 切断快充继电器、主负继电器,充电结束。

快充模式充电系统结构原理图,如图 3-25 所示。

整车控制器是快速充电功能的主控模块。将快速充电接口由充电桩连接至车辆快充接口以后,整车控制器通过_____和_____线判断充电接口已经正确连接,并启用唤醒线路 A + 唤醒车辆内部充电系统电路及部件。整车控制器通过输出高压接触器接通指令至_____,实现_____与_____之间高压电路的接通。接通并实现充电时,整车控制器向仪表输出正在充电显示信息。

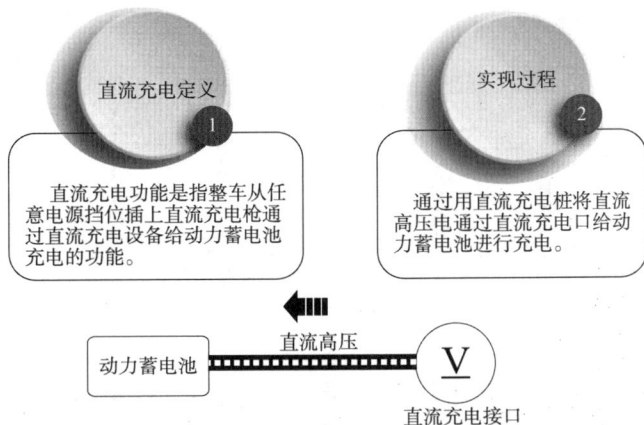

图 3-25　直流快充示意图

(2)充电条件要求。

①充电线连接确认信号正常。

②BMS 供电电源正常(12V)。

③充电唤醒信号输出正常(12V)。

④充电桩 VCU、BMS 之间通信正常(主继电器闭合发送电流强度需求)。

⑤动力蓄电池单体蓄电池(电芯)温度大于5℃并且小于45℃。

⑥单体蓄电池最高电压与最低电压差小于0.3V。

⑦单体蓄电池最高温度与最低温度差小于15℃。

⑧绝缘性能大于20MΩ。

⑨实际单体蓄电池最高电压不大于额定单体蓄电池电压0.4V。

⑩高、低压电路连接正常。

(3)以吉利汽车几何 G6 车型为例,新能源汽车直流充电系统电路图(图3-26)。

2. 新能源汽车直流充电系统常见故障及分析

(1)当动力蓄电池电量低时,连接直流充电桩与直流充电插座,直流充电桩通过测量 CC1 点电压判断车辆插头与车辆插座是否已完全连接。

(2)直流充电桩判断车辆插头与车辆插座已完全连接后,进行自检(包括绝缘检测等),并向_____提供低压辅助电源(通过 A + 及 A -)。

(3)高压配电盒得电后通过测量 CC2 点电压判断车辆插头与车辆插座是否已完全连接,判断车辆插头与车辆插座已完全连接后,高压配电盒与直流充电桩通过快充CAN 建立通信。

(4)在整个充电阶段,高压配电盒实时向直流充电桩发送电池充电要求,直流充电桩根据电池充电需求来调整充电电压和充电电流以保证充电过程正常,在充电过程中,_____和_____相互发送各自的充电状态。除此之外,高压配电盒根据要求向直流充电桩发送电池具体状态信息及电压、温度等信息。

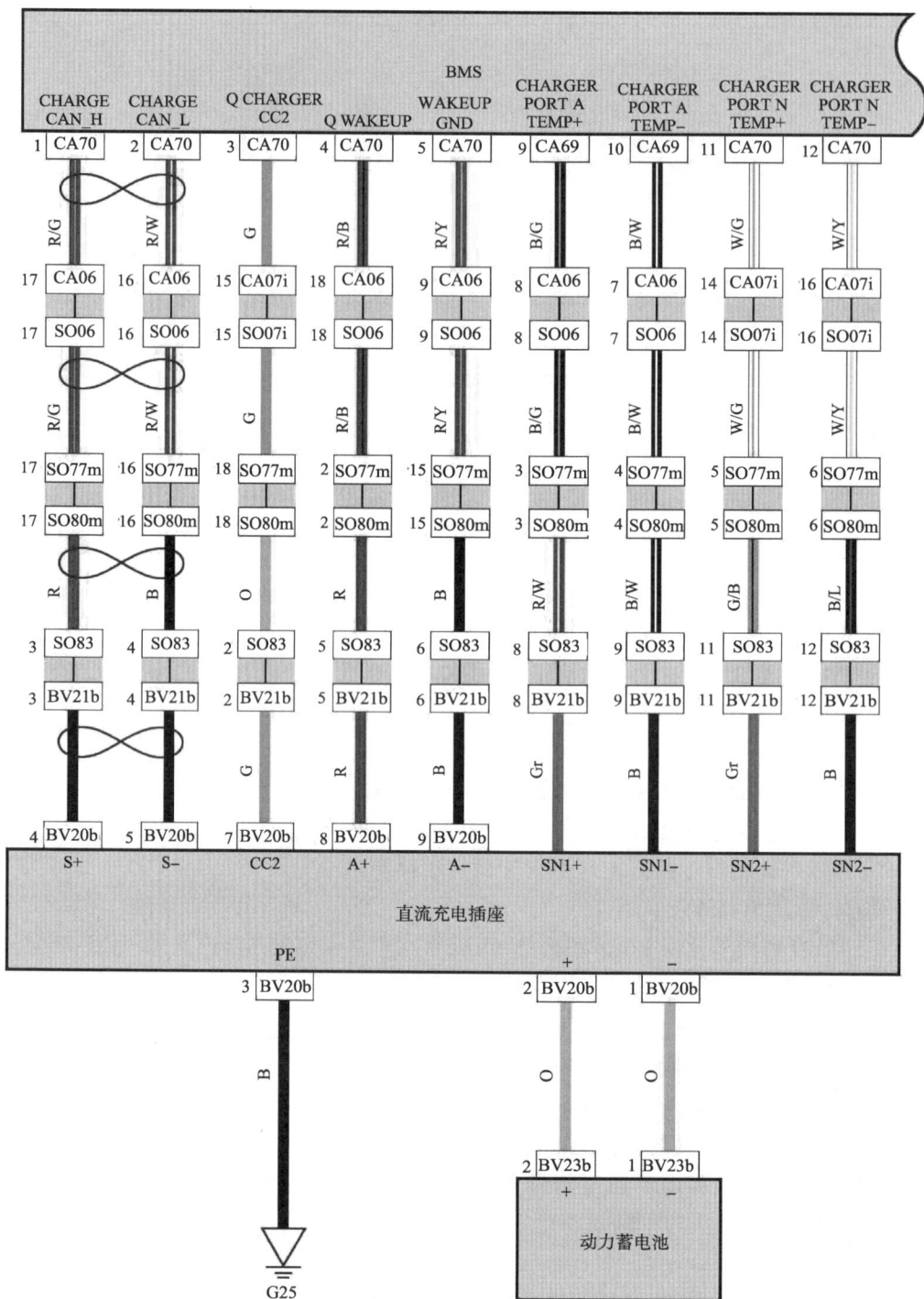

图 3-26　快充系统电路图

(二)工作方案制订

1. 任务分工

学生任务分配见表3-17。

学生任务分配表 表3-17

班级		组号		指导老师	
组长		任务分工			
组员1		任务分工			
组员2		任务分工			
组员3		任务分工			
组员4		任务分工			
组员5		任务分工			
组员6		任务分工			

2. 工量具、仪器设备与耗材准备

(1)使用的工量具有：_____。

(2)使用的仪器设备有：_____。

(3)使用的耗材有：_____。

3. 具体方案描述

_____

_____

_____

_____

_____。

三 计划实施

(一)安全注意事项及技能要点

1. 安全注意事项

(1)未经过高压安全培训的维修人员，不允许对高压部件进行维护。

(2)车辆高电压或高温处均有警告标识，严格按照标识要求操作。

(3)车辆在充电过程中不允许对高压部件进行移除、维护等工作。

(4)对高压部件进行作业前，必须确认车辆钥匙处于LOCK挡位，并将12V电源断开。

(5)高压部件打开后或插头断开后，使用万用表对其电压进行测量，确保电压在36V以下才可以进行下一步的操作。

(6)车辆维修时，不可湿润车辆或带水操作。

（7）车辆拆装时，不可同时操作正负极。

（8）禁止正负对接，避免正极或负极经人体对地。

（9）拆开的高压线接口要进行绝缘处理。

（10）执行双人操作，做到一人操作，一人监护。

2. 技能要点

（1）能正确规范使用万用表、绝缘电阻测试仪、接地电阻等检测仪器。

（2）能绘制直流充电系统电路图并做分析。

（3）能说出直流充电常见故障有哪些。

（4）能完成对车辆直流无法充电故障进行故障诊断与排除。

（5）能规范完成对学习工作页进行填写。

（二）新能源汽车交流无法充电故障诊断与排除

新能源汽车直流无法充电故障诊断与排除操作方法及说明见表3-18。

新能源汽车直流无法充电故障诊断与排除操作方法及说明　　　　表3-18

步骤	操作方法及说明	质量标准及记录
检查实训场地环境	（1）设置隔离栏； （2）放置安全警示牌； （3）检查灭火器； （4）实训的其他相关工具设备齐全 	□正确设置隔离栏 □正确放置安全警示牌 □正确检查灭火器 □相关工具设备准备齐全
检查充电系统	检查充电口无异物、无灼蚀 	□正确检查充电口

续上表

步骤	操作方法及说明	质量标准及记录
检查充电系统	检查充电枪插拔正常 	□正确连接充电枪
	检查仪表故障现象 	□正确读取仪表故障指示灯
	断开充电枪,测量直流充电接口 CC2 与 PE 之间电压,标准数据:未连接充电枪时 5V;连接充电枪时 0V 	□正确测量直流充电接口 CC2 与 PE 之间电压

步骤	操作方法及说明	质量标准及记录
检测充电系统	测量直流充电接口 S+ 与 PE 之间电压,标准数据:2.5V 	□正确测量直流充电接口 S+ 与 PE 之间电压
	测量充电枪接口 S- 与 PE 之间电压,标准数据:2.5V 	□正确测量充电枪接口 S- 与 PE 之间电压
	脱开维修开关锁舌并锁止 	□正确脱开维修开关锁舌 □正确锁止维修开关

续上表

步骤	操作方法及说明	质量标准及记录
检测充电系统	断开辅助蓄电池负极,并缠上胶布 	□正确断开辅助蓄电池负极 □辅助蓄电池负极缠上胶布
	测量直流充电枪 CC2 与 PE 之间电阻,标准数据:$1000\Omega \pm 50\Omega$ 	□正确测量直流充电枪 CC2 与 PE 之间电阻
	断开 CA07i 连接器,测量 BMS/CA70/3 与 CA07i/15 之间电阻,标准数据:$<1\Omega$ 	□正确测量 BMS/CA70/3 与 CA07i/15 之间电阻

续上表

步骤	操作方法及说明	质量标准及记录
车辆验证	验证维修电路电阻,标准数据:<1Ω 	□ 正确验证维修电路电阻
	(1)连接好线束并连接充电枪; (2)检查充电指示灯,仪表充电正常 	□正确连接充电枪 □正确检查充电情况

四 评价反馈

评价内容见表3-19。

评价表 表3-19

评分项目	评分标准	分值	得分
学习目标	能明确本任务的知识、技能、素养目标,理解任务在工作中的重要程度	5	
工作任务分析	能清晰描述完成本次工作任务内容	2	
	能清晰描述完成本次工作任务需必备的技能与知识点	2	
有效信息获取	新能源汽车快速充电的工作原理	5	
	新能源汽车直流充电系统常见故障及分析	5	
	新能源汽车直流无法充电故障一般检修步骤	5	

续上表

评分项目	评分标准	分值	得分
实施方案制订	能清晰地制订并填写本次新能源汽车直流无法充电故障检修的准备作业计划	5	
	能组织或协同工作小组成员,明确本次任务所需仪器设备、工具、材料的准备与清点,并准备记录	5	
	能组织或协同工作小组成员交流,优化检查方案并记录	5	
任务实施	检查实训场地环境	8	
	检查充电系统	13	
	检测充电系统	16	
	车辆验证	8	
任务评价	能通过本次任务实施,结合自己在实训过程中的表现,进行自我评价及自我反思并记录	3	
职业素养	按规定时间完成项目作业	2	
	遵守实训室管理规定、劳动纪律	2	
	积极参与课堂活动、回答问题	2	
	能够按时出勤	2	
思政要求	能积极参与小组讨论,发挥团队合作精神;具有较强的安全意识、责任意识;遵守劳动纪律,以积极的态度接受工作任务;学习过程遵循"8S"管理规定	5	
总计		100	

改进建议:

教师签字:

日期:

任务习题 》》》

1. 单项选择题

(1)蓄电池在放电终止后,应立即充电,采用慢充模式时,充电电流相当低,约(　　)。

　A.10A　　　　　B.15A　　　　　C.20A　　　　　D.25A

(2)快速充电时,要求实际单体蓄电池最高电压不大于额定单体蓄电池电压(　　)。

　A.0.2V　　　　B.0.3V　　　　C.0.4V　　　　D.0.5V

(3)北汽新能源等厂家为解决电动出租汽车充电难、充电时间长、行驶里程短的问题采取的措施是(　　)。

　　A.直流快充　　　　　　　　　　B.交流慢充

　　C.更换动力蓄电池　　　　　　　D.上门服务

(4)车载充电器用于(　　)充电模式。

　　A.快充　　　　　　　　　　　　B.慢充

　　C.都采用　　　　　　　　　　　D.都不采用

(5)快充和慢充的采用方法是(　　)。

　　A.恒流—恒压充电　　　　　　　B.恒流—变压充电

　　C.变流—恒压充电　　　　　　　D.变流—变压充电

2.判断题

(1)充电电流越大越好。　　　　　　　　　　　　　　　　　　　(　　)

(2)快速充电又称应急充电,30min 就可以充电 100%。　　　　　(　　)

(3)慢充可以有效延长电池寿命。　　　　　　　　　　　　　　(　　)

(4)常规充电模式的主要缺点为充电时间过长,当车辆有紧急运行需求时难以满足。　　　　　　　　　　　　　　　　　　　　　　　　　(　　)

(5)如果充电连接线损坏,可能会导致新能源汽车无法充电。　　(　　)

3.多项选择题

(1)以下哪些因素可能导致新能源汽车无法充电?(　　)

　　A.充电桩故障　　　　　　　　　B.充电连接线损坏

　　C.车辆电池故障　　　　　　　　D.车辆控制系统故障

(2)在检测新能源汽车无法充电故障时,需要检查哪些方面?(　　)

　　A.充电桩状态　　　　　　　　　B.充电连接线

　　C.车辆电池　　　　　　　　　　D.车辆控制系统

4.实操练习题

车主反映一辆 2017 款比亚迪 e5 无法完成交流充电,插枪之后,仪表无反应,请根据这一现象对这款比亚迪 e5 充电系统完成检修。

附录

本教材配套数字资源列表

序号	资源名称	资源类型	所在页码
1	拆卸动力蓄电池	视频	28
2	安装动力蓄电池	视频	28
3	比亚迪 E5 冷却水泵更换	视频	81
4	驱动电机冷却液冰点测试	视频	81
5	冷却液的更换	视频	81
6	驱动电机旋变传感器 及温度传感器的检测	视频	107
7	充电操作步骤	视频	147
8	检查慢充及快充充电口	视频	149
9	车载充电机高压故障检修	视频	181

参 考 文 献

[1] 姜丽娟.新能源汽车高压电安全[M].北京:中国劳动社会保障出版社,2020.

[2] 任保宽.新能源汽车驱动电机系统检测与维修[M].北京:中国劳动社会保障出版社,2022.

[3] 何忆斌,侯志华.新能源汽车驱动电机技术[M].北京:机械工业出版社,2017.

[4] 阳兴见,谢怀德,方芳,等.新能源汽车驱动电机及控制系统检修[M].北京:北京理工大学出版社,2021.

[5] 阮为平,李云超,吴杰.新能源汽车驱动电机构造与控制技术[M].北京:电子工业出版社,2023.

[6] 王爱兵,顾建疆.新能源汽车动力电池与驱动电机[M].2版.北京:人民交通出版社股份有限公司,2022.

[7] 宋广辉,张东伟.新能源汽车充电与辅助系统检修[M].北京:人民交通出版社股份有限公司,2022.

[8] 吴荣辉.新能源汽车结构原理与检修[M].北京:机械工业出版社,2021.

[9] 陈社会.新能源汽车结构与检修[M].北京:人民交通出版社股份有限公司,2021.

[10] 王玉彪.新能源汽车动力电池系统与充电系统[M].北京:机械工业出版社,2021.